13

历史卷

柏杨全集

人民文学出版社

图书在版编目(CIP)数据

柏杨全集:限量版.13/柏杨著.—北京:人民文学出版社,2010

ISBN 978-7-02-008000-7

Ⅰ.柏… Ⅱ.柏… Ⅲ.①柏杨(1920~2008)-全集②帝王-家族-世系-中国-年表 Ⅳ.C52

中国版本图书馆CIP数据核字(2010)第049009号

责任编辑:宋 强
装帧设计:翁 涌
责任印制:张文芳

13 历史卷

柏杨全集

《中国帝王皇后亲王公主世系录》（上）

目　　录

中国帝王皇后亲王公主世系录(上)

第一篇·序表

第二篇·帝王篇

附录一 春秋时代重要封国

附录二 春秋时代次要封国

附录三 边疆诸国

附录四 邻邦

第三篇·皇位世系篇

中国帝王皇后亲王公主世系录（上）

提 要

柏杨三部历史研究丛书之编写，肇因于他自己读史之“困扰”——年号、王朝号、国号、帝王之尊号多而且乱，皇后妃妾、亲王、公主等亦不胜枚举。因此，当他必须以读史来打发狱中岁月，寻找精神寄托，乃至于从史册中重新发现自我，他将自己的“困扰”转化成利他的工具书之编写：“对中国五百五十九位帝王，和若干虽没有实质上当帝王，却被加上帝王尊号的人，以及更多的皇后妃妾和他们所生的数不清的亲王、公主，作一地毯式的搜索，将他们的头衔、年龄、在位时期，以及他们在皇族中的关系位置，加以仔细地整理出”，目的是“使任何人都可以不必经过辛苦的寻觅，即可对他们的身世，有一个明确的了解”。

《中国帝王皇后亲王公主世系录》就是这样一本工具书。全书分七篇，包括：序表、帝王篇、皇位世系篇、皇后篇、亲王篇、公主篇、后表等，且有一些附表，大大小小总计二十余，堪称集“表”之大成者。

柏杨显然是土法炼钢，各表之分栏，肯定曾耗费一些脑力，但柏杨处理得恰到好处。像皇后部分由上而下是：其夫、称号、姓名、籍贯、亲属、婚卒年龄、卒年、子女、备注，公主部分则是：其父、生母、封号、姓名、其夫、其夫职位、婚、卒、备注，其所诉求，不言可喻。

表中“备注”栏令人心惊，所注主要是“下场”（或者说“死之方式”），杀、诛、斩、废、逐、叛、卒诸字触目皆是，可见专制之可惧，政争之惨烈，其后柏杨之写《帝王之死》、《皇后之死》，盖缘于此。

【第一篇·序　表】

一、历代王朝关系位置表

（“王朝国号”栏第一行为开国年代，第三行为立国年数）

<table>
<tr><th>世纪</th><th colspan="3">王朝国号</th><th>备注</th></tr>
<tr><td>前二十七世纪</td><td colspan="3">前 2698
黄帝
491</td><td></td></tr>
<tr><td>前二十三世纪</td><td colspan="3">前 2205
夏
440</td><td>亡于商</td></tr>
<tr><td>前十八世纪</td><td colspan="3">前 1783
商
662</td><td>亡于周</td></tr>
<tr><td rowspan="4">前十二世纪</td><td colspan="3">前 1134
周
879</td><td rowspan="4">周末，楚、吴、越、齐、魏、韩、燕、赵、桀宋及秦，先后由诸侯独立为王国。中国分裂</td></tr>
<tr><td>前 741
楚
519</td><td>前 586
吴
114</td><td>前 497
越
165</td></tr>
<tr><td>前 359
齐
139</td><td>前 369
魏
145</td><td>前 333
韩
104</td></tr>
<tr><td>前 333
燕
111</td><td>前 326
赵
105</td><td>前 329
桀宋
44</td></tr>
<tr><td>前四世纪</td><td colspan="3">前 338
秦
133</td><td>秦灭周及诸独立王国，中国统一</td></tr>
</table>

<table>
<tr><td rowspan="2">前三世纪

前二世纪
前一世纪</td><td colspan="3">前206
西楚
5</td><td>项羽灭秦,国号楚</td></tr>
<tr><td colspan="3">前206
西汉
215</td><td>刘邦灭西楚,国号汉</td></tr>
<tr><td rowspan="2">一世纪</td><td colspan="3">9
新
15</td><td>王莽灭西汉,国号新</td></tr>
<tr><td>23
玄汉
3</td><td>25
成家
12</td><td></td><td>刘玄灭新,国号汉。公孙述据四川,国号成家。中国分裂</td></tr>
<tr><td rowspan="2">二世纪
三世纪</td><td colspan="3">25
东汉
196</td><td>赤眉军灭玄汉,刘秀灭赤眉,国号亦曰汉,再灭成家,中国统一</td></tr>
<tr><td>220
曹魏
46</td><td>221
蜀汉
43</td><td>222
东吴
59</td><td>曹丕灭东汉,国号魏。刘备据四川,国号汉。孙权据江南,国号吴。中国分裂,是为三国时代</td></tr>
</table>

<table>
<tr><td rowspan="4">四世纪</td><td rowspan="4">265
晋
156</td><td>304
成汉
44</td><td>304
汉赵
26</td><td>319
后赵
33</td><td>320
前凉
57</td><td rowspan="5">一、曹魏灭蜀汉;司马炎灭曹魏,国号晋;继灭东吴,中国统一。二、晋灭东吴后不久,五胡乱华,晋退保华南。华北、华西先后兴起十九国,自304至439年,历时136年</td></tr>
<tr><td>337
前燕
34</td><td>350
冉魏
3</td><td>351
前秦
44</td><td>384
后秦
34</td></tr>
<tr><td>384
后燕
24</td><td>384
西燕
11</td><td>385
西秦
39</td><td>386
后凉
18</td></tr>
<tr><td>397
南凉
18</td><td>397
北凉
43</td><td>398
南燕
13</td><td>400
西凉
22</td></tr>
<tr><td rowspan="2">五世纪</td><td>420
南宋
60</td><td>405
西蜀
9</td><td>407
北燕
30</td><td>407
胡夏
25</td><td></td></tr>
<tr><td>479
南齐
24</td><td rowspan="2">386
北魏
171</td><td rowspan="2">534
东魏
17</td><td rowspan="2" colspan="2">534
西魏
23</td><td rowspan="3">一、晋亡于宋,宋亡于齐,齐亡于梁,梁亡于陈,是为“南朝”。二、十九国终局,北魏崛起塞北,统一华北。后又分裂为东西,东魏亡于北齐,西魏亡于北周,是为“北朝”</td></tr>
<tr><td rowspan="3">六世纪</td><td>502
南梁
86</td></tr>
<tr><td>557
陈
33</td><td>550
北齐
28</td><td>550
北齐
28</td><td colspan="2">557
北周
25</td></tr>
<tr><td colspan="5">581
隋
39</td><td>北齐亡于北周,杨坚灭北周,又灭陈,国号隋,中国统一</td></tr>
<tr><td>七世纪八世纪九世纪</td><td>618
唐
276</td><td>690
南周
16</td><td colspan="3"></td><td>李渊篡隋,国号唐。武曌灭唐,国号周。唐寻灭周,复国</td></tr>
</table>

<table>
<tr><td rowspan="6">十世纪</td><td>907
后梁
17</td><td rowspan="6">916
辽
210</td><td>907
岐
18</td><td>907
南楚
45</td><td rowspan="6">一、契丹崛起东北，国号辽。二、唐亡于后梁，后梁亡于后唐，后唐亡于后晋，后晋亡于辽，后汉逐辽，后周复逐后汉，是为“五代”。三、此外，先后兴起十一国，中国分裂</td></tr>
<tr><td>923
后唐
14</td><td>907
吴越
72</td><td>907
前蜀
19</td></tr>
<tr><td>936
后晋
11</td><td>910
南吴
28</td><td>911
桀燕
3</td></tr>
<tr><td>947
后汉
33</td><td>917
南汉
55</td><td>924
南平
40</td></tr>
<tr><td>951
后周
10</td><td>933
闽
13</td><td>934
后蜀
32</td></tr>
<tr><td></td><td>937
南唐
39</td><td></td></tr>
<tr><td>十一世纪
十二世纪</td><td>960
宋
320</td><td>1032
西夏
196</td><td>1115
金
120</td><td>1130
刘齐
8</td><td>宋灭后周及诸国，与西夏、辽，三国鼎立。金又崛起东北，灭辽，攻宋，宋退保江南。金立刘豫，国号齐</td></tr>
<tr><td>十三世纪</td><td colspan="4">1206
元
176</td><td>蒙古崛起漠北，灭西夏，灭金，灭宋。国号元，入主中国</td></tr>
</table>

<table>
<tr><td rowspan="2">十四世纪十五世纪十六世纪</td><td>1351
天完
10</td><td>1355
韩宋
12</td><td>1360
陈汉
5</td><td>1362
明夏
10</td><td>元末,四国先后起,中国本土分裂</td></tr>
<tr><td colspan="4">1368
明
294</td><td>朱元璋灭诸国,国号明。逐元,中国统一</td></tr>
<tr><td>十七世纪十八世纪十九世纪</td><td>1616
清
296</td><td>1851
太平天国
14</td><td colspan="2"></td><td>清崛于起东北,灭明。太平天国崛起江南,亡于清</td></tr>
</table>

二、历代王朝国号表

<table>
<tr><th>国号</th><th>其数</th><th>史称</th><th>建都</th><th>开国帝王</th><th>开国年份</th><th>备注</th></tr>
<tr><td>黄帝</td><td>1</td><td>黄帝</td><td>有熊</td><td>姬轩辕</td><td>前 2698</td><td>传说时代</td></tr>
<tr><td rowspan="4">夏</td><td rowspan="4">4</td><td>夏</td><td>平阳</td><td>姒文命</td><td>前 2205</td><td></td></tr>
<tr><td>胡夏</td><td>统万</td><td>赫连勃勃</td><td>407</td><td>五胡乱华十九国</td></tr>
<tr><td>西夏</td><td>兴庆</td><td>李元昊</td><td>1032</td><td></td></tr>
<tr><td>明夏</td><td>重庆</td><td>明玉珍</td><td>1362</td><td>元末四国</td></tr>
<tr><td>商</td><td>1</td><td>商</td><td>朝歌</td><td>子天乙</td><td>前 1783</td><td>自二十任帝子盘庚都殷邑，史又称“殷”或“殷商”</td></tr>
<tr><td rowspan="4">周</td><td rowspan="4">4</td><td>周</td><td>镐京</td><td>姬发</td><td>前 1134</td><td>自十一任王姬宜臼都洛阳，史又称“东周”</td></tr>
<tr><td>北周</td><td>长安</td><td>宇文觉</td><td>557</td><td>南北朝</td></tr>
<tr><td>南周</td><td>洛阳</td><td>武曌</td><td>690</td><td></td></tr>
<tr><td>后周</td><td>开封</td><td>郭威</td><td>951</td><td>五代</td></tr>
<tr><td rowspan="3">楚</td><td rowspan="3">3</td><td>楚</td><td>郢都</td><td>芈熊通</td><td>前 741</td><td>春秋战国时代</td></tr>
<tr><td>西楚</td><td>彭城</td><td>项羽</td><td>前 206</td><td></td></tr>
<tr><td>南楚</td><td>长沙</td><td>马殷</td><td>907</td><td>五代十一国</td></tr>
</table>

<table>
<tr><td rowspan="3">吴</td><td rowspan="3">3</td><td>吴</td><td>梅里</td><td>吴寿梦</td><td>前586</td><td>春秋时代</td></tr>
<tr><td>东吴</td><td>建业</td><td>孙权</td><td>222</td><td>三国时代</td></tr>
<tr><td>南吴</td><td>江都</td><td>杨渭</td><td>910</td><td>五代十一国</td></tr>
<tr><td rowspan="7">燕</td><td rowspan="7">7</td><td>燕</td><td>蓟城</td><td>易王</td><td>前333</td><td>战国时代</td></tr>
<tr><td>前燕</td><td>邺城</td><td>慕容皝</td><td>337</td><td>五胡乱华十九国</td></tr>
<tr><td>后燕</td><td>中山</td><td>慕容垂</td><td>384</td><td>五胡乱华十九国</td></tr>
<tr><td>西燕</td><td>长子</td><td>慕容泓</td><td>384</td><td>五胡乱华十九国</td></tr>
<tr><td>南燕</td><td>广固</td><td>慕容德</td><td>398</td><td>五胡乱华十九国</td></tr>
<tr><td>北燕</td><td>朝阳</td><td>高云</td><td>407</td><td>五胡乱华十九国</td></tr>
<tr><td>桀燕</td><td>幽州</td><td>刘守光</td><td>911</td><td>五代十一国</td></tr>
<tr><td rowspan="4">齐</td><td rowspan="4">4</td><td>齐</td><td>临淄</td><td>田因齐</td><td>前359</td><td>战国时代</td></tr>
<tr><td>南齐</td><td>建康</td><td>萧道成</td><td>479</td><td>南北朝</td></tr>
<tr><td>北齐</td><td>邺城</td><td>高洋</td><td>550</td><td>南北朝</td></tr>
<tr><td>刘齐</td><td>开封</td><td>刘豫</td><td>1130</td><td></td></tr>
<tr><td>越</td><td>1</td><td>越</td><td>琅邪</td><td>姒勾践</td><td>前497</td><td>春秋时代</td></tr>
</table>

<table>
<tr><td rowspan="3">赵</td><td rowspan="3">3</td><td>赵</td><td>邯郸</td><td>赵雍</td><td>前326</td><td>战国时代</td></tr>
<tr><td>汉赵</td><td>离石</td><td>刘渊</td><td>304</td><td>五胡乱华十九国,初称“汉”,继称“赵”,史又称“前赵”</td></tr>
<tr><td>后赵</td><td>襄国</td><td>石勒</td><td>319</td><td>五胡乱华十九国</td></tr>
<tr><td rowspan="4">魏</td><td rowspan="4">4</td><td>魏</td><td>大梁</td><td>魏罃</td><td>前369</td><td>战国时代,史又称“梁”</td></tr>
<tr><td>曹魏</td><td>洛阳</td><td>曹丕</td><td>220</td><td>三国时代</td></tr>
<tr><td>冉魏</td><td>邺城</td><td>冉闵</td><td>350</td><td>五胡乱华十九国</td></tr>
<tr><td>北魏</td><td>平城</td><td>拓跋珪</td><td>386</td><td>史又称“后魏”“元魏”,自十六任帝起分裂为“东魏”“西魏”</td></tr>
<tr><td>韩</td><td>1</td><td>韩</td><td>新郑</td><td>宣惠王</td><td>前333</td><td>战国时代</td></tr>
<tr><td rowspan="4">秦</td><td rowspan="4">4</td><td>秦</td><td>咸阳</td><td>嬴驷</td><td>前338</td><td></td></tr>
<tr><td>前秦</td><td>长安</td><td>苻健</td><td>351</td><td>五胡乱华十九国</td></tr>
<tr><td>后秦</td><td>长安</td><td>姚苌</td><td>384</td><td>五胡乱华十九国</td></tr>
<tr><td>西秦</td><td>苑川</td><td>乞伏国仁</td><td>385</td><td>五胡乱华十九国</td></tr>
</table>

<table>
<tr><td rowspan="8">汉</td><td rowspan="8">8</td><td>西汉</td><td>长安</td><td>刘邦</td><td>前206</td><td>史又称“前汉”</td></tr>
<tr><td>玄汉</td><td>长安</td><td>刘玄</td><td>23</td><td></td></tr>
<tr><td>东汉</td><td>洛阳</td><td>刘秀</td><td>25</td><td>史又称“后汉”</td></tr>
<tr><td>蜀汉</td><td>成都</td><td>刘备</td><td>221</td><td>三国时代</td></tr>
<tr><td>成汉</td><td>成都</td><td>李雄</td><td>304</td><td>五胡乱华十九国,初称“成”,继称“汉”</td></tr>
<tr><td>南汉</td><td>兴王府</td><td>刘龑</td><td>917</td><td>五代十一国</td></tr>
<tr><td>后汉</td><td>开封</td><td>刘知远</td><td>947</td><td>五代,自三任帝刘崇都太原,史又称“北汉”</td></tr>
<tr><td>陈汉</td><td>武昌</td><td>陈友谅</td><td>1360</td><td>元末四国</td></tr>
<tr><td>新</td><td>1</td><td>新</td><td>常安</td><td>王莽</td><td>9</td><td></td></tr>
<tr><td>成家</td><td>1</td><td>成家</td><td>成都</td><td>公孙述</td><td>25</td><td></td></tr>
<tr><td rowspan="2">晋</td><td rowspan="2">2</td><td>晋</td><td>洛阳</td><td>司马炎</td><td>265</td><td>自七任帝司马睿都建康,史又称“东晋”</td></tr>
<tr><td>后晋</td><td>开封</td><td>石敬瑭</td><td>936</td><td>五代</td></tr>
</table>

凉	5	前凉	姑臧	张茂	320	五胡乱华十九国
		后凉	姑臧	吕光	386	五胡乱华十九国
		北凉	姑臧	段业	397	五胡乱华十九国
		南凉	乐都	秃发乌孤	397	五胡乱华十九国
		西凉	酒泉	李暠	400	五胡乱华十九国
蜀	3	西蜀	成都	谯纵	405	五胡乱华十九国
		前蜀	成都	王建	907	五代十一国
		后蜀	成都	孟知祥	934	五代十一国
宋	4	桀宋	睢阳	宋偃	前 329	战国时代
		南宋	建康	刘裕	420	南北朝
		宋	开封	赵匡胤	960	自十任帝赵构都临安，史又称“南宋”
		韩宋	安丰	韩林儿	1355	元末四国
梁	2	南梁	建康	萧衍	502	南北朝，自七任帝萧詧都江陵，史又称“西梁”“后梁”
		后梁	开封	朱温	907	五代
陈	1	陈	建康	陈霸先	557	南北朝
隋	1	隋	大兴	杨坚	581	

唐	3	唐	长安	李渊	618	
		后唐	洛阳	李存勖	923	五代
		南唐	江宁	徐知诰（李昪）	937	五代十一国
岐	1	岐	凤翔	李茂贞	907	五代十一国
吴越	1	吴越	杭州	钱镠	907	五代十一国
南平	1	南平	江陵	高季兴	924	五代十一国，史又称“荆南”
闽	1	闽	长乐府	王延钧	933	五代十一国
辽	1	辽	临潢	耶律阿保机	916	又称“契丹”
金	1	金	会宁	完颜阿骨打	1115	
元	1	元	大都	铁木真	1206	原称“蒙古”，至七任帝忽必烈始称“元”
天完	1	天完	蕲水	徐寿辉	1351	元末四国
明	1	明	南京	朱元璋	1368	自十八任帝朱由崧之后，又称“南明”，三任帝朱棣迁都北京
清	1	清	北京	努尔哈赤	1616	一任帝努尔哈赤称“后金”，至二任帝皇太极改称“清”
太平天国	1	太平天国	天京	洪秀全	1851	

三、历代帝王数表

（自黄帝王朝起，至太平天国亡，帝王绝。前2678—后1864，共4542年）

<table>
<tr><td>王朝</td><td colspan="2">83</td></tr>
<tr><td>帝</td><td>397</td><td rowspan="2">560</td></tr>
<tr><td>王</td><td>163</td></tr>
</table>

顺序	王朝	帝王任数	帝数	王数	总共	备注
1	黄帝	7	7		7	
2	夏	19	19		19	
3	商	31	31		31	
4	周	43		40	40	
5	楚	26		26	26	
6	吴	7		7	7	
7	越	7		7	7	
8	齐	5		5	5	
9	魏	6		6	6	
10	韩	5		5	5	
11	燕	8		8	8	
12	赵	6		6	6	

13	桀宋	1		1	1	
14	秦	8	2	6	8	
15	西楚	1		1	1	
16	西汉	15	15		15	
17	新	1	1		1	
18	玄汉	1	1		1	
19	成家	1	1		1	
20	东汉	14	14		14	
21	曹魏	5	5		5	
22	蜀汉	2	2		2	
23	东吴	4	4		4	
24	晋	17	16		16	
25	成汉	5	5		5	
26	汉赵	5	5		5	
27	后赵	7	7		7	
28	冉魏	1	1		1	
29	前秦	6	6		6	凡称“天王”皆纳入帝类
30	后秦	3	3		3	

31	西秦	4		4	4	
32	前燕	3	2	1	3	
33	后燕	4	4		4	
34	西燕	7	4	3	7	
35	南燕	2	2		2	
36	北燕	3	3		3	
37	西蜀	1		1	1	
38	前凉	7		7	7	
39	后凉	4	4		4	
40	西凉	3		3	3	
41	北凉	3		3	3	
42	南凉	3		3	3	
43	胡夏	3	3		3	
44	南宋	9	9		9	
45	南齐	7	7		7	
46	南梁	9	9		9	
47	陈	5	5		5	
48	北魏	18	19		19	十六任帝起分为东西，各有其帝

49	北齐	6	6		6	
50	北周	5	5		5	
51	隋	5	5		5	
52	唐	25	22		22	
53	南周	1	1		1	
54	后梁	3	3		3	
55	后唐	4	4		4	
56	后晋	2	2		2	
57	后汉	6	6		6	
58	后周	3	3		3	
59	岐	1		1	1	
60	南楚	6		6	6	
61	吴越	5		5	5	
62	前蜀	2	2		2	
63	南吴	2	1	1	2	
64	桀燕	1	1		1	
65	南汉	4	4		4	
66	南平	5		5	5	

67	闽	5	5		5	
68	后蜀	2	2		2	
69	南唐	3	3		3	
70	辽	9	9		9	1125年,退出中国本土后不计
71	宋	20	19		19	
72	西夏	10	10		10	
73	金	10	10		10	
74	刘齐	1	1		1	
75	元	20	19		19	二后纳入帝类,1381年退出中国本土后不计
76	天完	1	1		1	
77	韩宋	1	1		1	
78	陈汉	2	2		2	
79	明夏	2	2		2	
80	明	20	19		19	
81	清	12	12		11	凡称"可汗"纳入帝类
82	太平天国	2		2	2	

四、历代立国年数表

位次	王朝	年数	起讫	备注
1	周	879	前1134—前256	
2	商	622	前1783—前1122	半信史时代
3	楚	519	前741—前223	
4	黄帝	491	前2678—前2208	传说时代
5	夏	440	前2205—前1766	半信史时代
6	宋	320	960—1279	
7	清	296	1616—1911	
8	明	294	1368—1661	
9	唐	276	618—907	691—704年,亡于南周十四年
10	西汉	215	前206—后9	
11	辽	210	916—1125	1125年退出中国本土后不计
12	东汉	196	25—220	
13	西夏	196	1032—1227	
14	元	176	1206—1381	1381年退出中国本土后不计
15	越	165	前497—前333	
16	北魏	171	386—556	

17	晋	156	265—420	
18	魏	145	前 369—前 225	
19	齐	139	前 359—前 221	
20	秦	133	前 338—前 206	
21	金	120	1115—1234	
22	吴	114	前 586—前 473	
23	燕	111	前 333—前 222	前 313 年,亡于齐一年
24	赵	105	前 326—前 222	
25	韩	104	前 333—前 230	
26	南梁	86	502—587	
27	吴越	72	907—978	
28	南宋	60	420—479	
29	东吴	59	222—280	
30	前凉	57	320—376	
31	南汉	55	917—971	
32	曹魏	46	220—265	
33	南楚	45	907—951	
34	桀宋	44	前 329—前 286	

35	成汉	44	304—347	
36	前秦	44	351—394	
37	蜀汉	43	221—263	
38	北凉	43	397—439	
39	南平	40	924—963	
40	西秦	39	385—431	401—408 年,亡于后秦八年
41	隋	39	581—619	
42	南唐	39	937—975	
43	前燕	34	337—370	
44	后秦	34	384—417	
45	后赵	33	319—351	
46	陈	33	557—589	
47	后汉	33	947—979	
48	后蜀	32	934—965	
49	北燕	30	407—436	
50	北齐	28	550—577	
51	南吴	28	910—937	
52	汉赵	26	304—329	

53	胡夏	25	407—431	
54	北周	25	557—581	
55	后燕	24	384—407	
56	南齐	24	479—502	
57	西凉	22	400—421	
58	前蜀	19	907—925	
59	后凉	18	386—403	
60	南凉	18	397—414	
61	岐	18	907—924	
62	后梁	17	907—923	
63	南周	16	690—705	
64	新	15	9—23	
65	后唐	14	923—936	
66	太平天国	14	1851—1864	
67	南燕	13	398—410	
68	闽	13	933—945	

69	成家	12	25—36	
70	韩宋	12	1355—1366	
71	西燕	11	384—394	
72	后晋	11	936—946	
73	后周	10	951—960	
74	天完	10	1351—1360	
75	明夏	10	1362—1371	
76	西蜀	9	405—413	
77	刘齐	8	1130—1137	
78	西楚	5	前 206—前 202	
79	陈汉	5	1360—1364	
80	玄汉	3	23—25	
81	冉魏	3	350—352	
82	桀燕	3	911—913	

五、历代帝王籍贯表

王朝	任别	姓名	民族	籍贯	今地（省县）	备注
黄帝	一任帝	姬轩辕	华夏	寿丘	山东曲阜	
夏	一任帝	姒文命	华夏	广柔	四川汶川	汶川西七十三里石纽山
	六任帝	后羿	华夏	钼邑	河南浚县	浚县西南五十里卫县集
	七任帝	寒国	华夏	寒国	山东潍坊	潍坊东北三十里寒亭店
商	一任帝	子天乙	华夏	商邑	河南商丘	
	四任帝	伊尹	华夏			
周	一任王	姬发	华夏	岐山	陕西岐山	岐山西北中水乡
楚	一任王	芈熊通	华夏	丹阳	湖北秭归	秭归近郊古丹阳
吴	一任王	吴寿梦	华夏	梅里	江苏锡山	
越	一任王	姒勾践	华夏	会稽	浙江绍兴	
齐	一任王	田因齐	华夏	安平	山东淄博	淄博东古酅邑
魏	一任王	魏蓄	华夏	魏邑	山西芮城	

韩	一任王	宣惠王	华夏	韩原	陕西韩城	韩城南八公里古韩城
燕	一任王	易王	华夏	蓟城	北京	
赵	一任王	赵雍	华夏	耿邑	山西河津	河津东南耿乡
桀宋	一任王	宋偃	华夏	睢阳	河南商丘	
秦	一任王	嬴驷	华夏	秦邑	甘肃陇西	陇西秦亭
西楚	一任王	项羽	华夏	下相	安徽淮北	
西汉	一任帝	刘邦	华夏	泗水沛丰邑	江苏丰县	丰县中阳里
新	一任帝	王莽	华夏	魏郡元城	河北大名	
玄汉	一任帝	刘玄	华夏	南阳春陵	湖北枣阳	枣阳南春陵城
成家	一任帝	公孙述	华夏	京兆茂陵	陕西兴平	
东汉	一任帝	刘秀	华夏	南阳春陵	湖北枣阳	
曹魏	一任帝	曹丕	华夏	沛郡谯县	安徽亳州	
蜀汉	一任帝	刘备	华夏	涿郡涿县	河北涿州	
东吴	一任帝	孙权	华夏	吴郡富春	浙江富阳	
晋	一任帝	司马炎	华夏	河内温县	河南温县	温县孝敬里
成汉	一任帝	李雄	氐	略阳	甘肃天水	秦安东北陇城
汉赵	一任帝	刘渊	匈奴	西河美稷	内蒙准格尔旗	

后赵	一任帝	石勒	羯	上党武乡	山西榆社	
冉魏	一任帝	冉闵	中华	魏郡内黄	河南内黄	
前秦	一任帝	苻健	氐	略阳	甘肃天水	
后秦	一任帝	姚苌	羌	南安赤亭	甘肃陇西	
西秦	一任王	乞伏国仁	鲜卑	陇西高平	宁夏固原	
前燕	一任王	慕容皝	鲜卑	昌黎棘城	辽宁义县	
后燕	一任帝	慕容垂	鲜卑	昌黎棘城	辽宁义县	
西燕	一任王	慕容泓	鲜卑	昌黎棘城	辽宁义县	
	三任王	段随	鲜卑			
南燕	一任帝	慕容德	鲜卑	昌黎棘城	辽宁义县	
北燕	一任帝	高云	朝鲜	高丽	朝鲜	
	二任帝	冯跋	中华	长乐信都	河北冀州	
西蜀	一任王	谯纵	中华	巴西	四川阆中	
前凉	一任王	张茂	中华	安定乌氏	甘肃泾川	
后凉	一任帝	吕光	氐	略阳	甘肃天水	
南凉	一任王	秃发乌孤	鲜卑	河西	甘肃永登	
北凉	一任王	段业	中华	京兆	陕西西安	
	二任王	沮渠蒙逊	匈奴	临松卢水	甘肃张掖	

西凉	一任王	李暠	中华	陇西成纪	甘肃秦安	秦安北三十里
胡夏	一任帝	赫连勃勃	匈奴	朔方	内蒙伊克昭盟	
南宋	一任帝	刘裕	中华	丹徒京口	江苏镇江	祖籍彭城（江苏徐州）绥舆里
南齐	一任帝	萧道成	中华	南兰陵	江苏常州	祖籍兰陵（山东苍山）
南梁	一任帝	萧衍	中华	南兰陵	江苏常州	
陈	一任帝	陈霸先	中华	长城	浙江长兴	吴兴长城下若里
北魏	一任帝	拓跋珪	鲜卑	盛乐	内蒙和林格尔	
北齐	一任帝	高洋	中华	勃海蓨县	河北景县	
北周	一任帝	宇文泰	鲜卑	代郡武川	内蒙武川	
隋	一任帝	杨坚	中华	恒农华阴	陕西华阴	
唐	一任帝	李渊	中华	武川	内蒙武川	
南周	一任帝	武曌	中华	并州文水	山西文水	
后梁	一任帝	朱温	中华	宋州砀山	安徽砀山	
后唐	一任帝	李存勖	沙陀	太原	山西太原	祖籍沙陀（新疆巴里坤）
	四任帝	李从珂	中华	镇州平山	河北平山	

后晋	一任帝	石敬瑭	沙陀	太原	山西太原	
后汉	一任帝	刘知远	沙陀	太原	山西太原	
后周	一任帝	郭威	中华	邢州尧山	河北隆尧	
	二任帝	郭荣	中华			
岐	一任王	李茂贞	中华	深州博野	河北蠡县	
南楚	一任王	马殷	中华	许州鄢陵	河南鄢陵	
吴越	一任王	钱镠	中华	杭州临安	浙江杭州	
前蜀	一任帝	王建	中华	许州舞阳	河南舞阳	
后蜀	一任帝	孟知祥	中华	邢州龙岗	河北邢台	
南吴	一任王	杨渭	中华	庐州合肥	安徽合肥	
桀燕	一任帝	刘守光	中华	深州乐寿	河北献县	献县西南
南汉	一任帝	刘龑	中华	蔡州上蔡	河南上蔡	
南平	一任王	高季昌	中华	陕州峡石	河南三门峡	
闽	一任帝	王延钧	中华	光州固始	河南固始	
南唐	一任帝	徐知诰（李昪）	中华	徐州	江苏徐州	
辽	一任帝	耶律阿保机	契丹	迭剌部（祖州）	内蒙巴林左旗	霞濑益石烈乡耶律弥里
	十五任帝	屈出律	蒙古	乃蛮部	蒙古	
宋	一任帝	赵匡胤	中华	涿州涿县	河北涿州	

西夏	一任帝	李元昊	鲜卑	夏州	陕西靖边	靖边北白城子，鲜卑党项族
金	一任帝	完颜阿骨打	女真	黑水府	黑龙江阿城	
刘齐	一任帝	刘豫	中华	景州阜城	河北阜城	
元	一任帝	铁木真	蒙古	乞颜部	蒙古	
天完	一任帝	徐寿辉	中华	罗田	湖北罗田	
韩宋	一任帝	韩林儿	中华	栾城	河北栾城	
陈汉	一任帝	陈友谅	中华	沔阳	湖北仙桃	
明夏	一任帝	明玉珍	中华	随州	湖北随州	
明	一任帝	朱元璋	中华	濠州钟离	安徽凤阳	
清	一任帝	努尔哈赤	女真	建州	辽宁新宾	清本女真族，改称满洲
太平天国	一任王	洪秀全	中华	广东花县	广东花都	

六、历代建都表

王朝	建都	今地	起讫	年数	建都帝王	备注
黄帝	有熊	河南新郑	前2698—前2598	101	一任帝姬轩辕	传说时代
	曲阜	山东曲阜	前2598—前2515	84	二任帝己挚	
	高阳	河南杞县	前2515—前2440	76	三任帝姬颛顼	
	帝丘	河南濮阳	前2440—前2437	4		
	亳邑	河南偃师	前2437—前2358	80	四任帝姬夋	西亳
	平阳	山西临汾	前2357—前2258	100	六任帝伊祁放勋	
	蒲坂	山西永济	前2255—前2208	48	七任帝姚重华	

夏	安邑	山西夏县	前 2205—前 1766	440	一任帝姒文命	半信史时代
	阳城	山西翼城				史称夏九迁其都
	平阳	山西临汾				一迁
	安邑	山西夏县				二迁
	斟鄩	河南登封				三迁
	帝丘	河南濮阳				四迁
	斟灌	河南清丰				五迁
	原邑	河南济源				六迁
	老丘	河南开封东南				七迁
	西河					八迁
	斟鄩	河南登封				九迁

商	商邑	陕西商州			子契	子天乙前八迁
	蕃邑	山东兖州				前一迁
	砥石	河北平山			子昭明	前二迁
	商丘	河南商丘				前三迁
	东都	山东泰安			子相土	前四迁
	蓟丘	北京				前五迁
	有易	河北雄县				前六迁
	殷邑	河南安阳				前七迁
	亳邑	河南偃师	前1783—前1557	227	一任帝子天乙	前八迁
	嚣邑（隞）	河南荥阳	前1557—前1534	24	十一任帝子仲丁	后一迁
	相邑	河南内黄	前1534—前1525	10	十三任帝子河亶甲	后二迁
	耿邑	河南温县	前1525—前1517	9	十四任帝子祖乙	后三迁
	邢邑	河北邢台	前1517—前1401	117		后四迁
	殷邑	河南安阳	前1401—前1198	204	二十任帝子盘庚	后五迁
	朝歌（行都）	河南淇县	前1198—前1122	77	二十八任帝子武乙	后六迁

周	酆邑	陕西西安西南	前1134—前1120	15	一任王姬发	
	镐京	陕西西安	前1120—前771	350		
	洛阳	河南洛阳	前771—前256	516	十三任王姬宜臼	
楚	丹阳	湖北秭归	前741—前690	52	一任王芈熊通	
	郢都	湖北江陵	前690—前504	187	二任王芈熊赀	
	郢都	湖北江陵	前433—前278	156	十四任王芈章	
	鄀城	湖北钟祥西北	前504—前433	72	十三任王芈轸	鄢郢
	陈丘	河南淮阳	前278—前253	26	二十二任王芈横	郢陈
	钜阳	安徽太和	前253—前241	13		
	寿春	安徽寿县	前241—前223	19	二十三任王芈完	新郢，寿阳
吴	梅里	江苏锡山	前586—前560	27	一任王吴寿梦	
	姑苏	江苏苏州	前560—前473	88	二任王吴诸樊	

越	诸暨	浙江诸暨	前497—前468	30	一任王 姒勾践	
	琅邪	山东胶南	前468—前379	90		
	会稽	浙江绍兴	前379—前333	47	五任王 姒翳	
齐	临淄	山东淄博	前359—前221	139	一任王 田因齐	
魏	安邑	山西安邑	前369—前340	30	一任王 魏䓨	
	大梁	河南开封	前340—前225	116		
韩	新郑	河南新郑	前333—前230	104	一任王 宣惠王	
燕	蓟城	北京	前333—前226	108	一任王 易王	
	襄平	辽宁辽阳	前226—前222	5	八任王 姬喜	
赵	邯郸	河北邯郸	前326—前222	99	一任王 赵雍	
	代县	河北蔚县	前228—前222	7	六任王 赵嘉	
桀宋	睢阳	河南商丘	前329—前286	44	一任王 宋偃	

<table>
<tr><td>秦</td><td>咸阳</td><td>陕西咸阳</td><td>前338—前206</td><td>133</td><td>一任王
嬴驷</td><td></td></tr>
<tr><td>西楚</td><td>彭城</td><td>江苏徐州</td><td>前206—前202</td><td>5</td><td>一任王
项羽</td><td></td></tr>
<tr><td rowspan="3">西汉</td><td>栎阳</td><td>陕西临潼</td><td>前206—前202</td><td>5</td><td rowspan="3">一任帝
刘邦</td><td></td></tr>
<tr><td>洛阳</td><td>河南洛阳</td><td>前202</td><td>1</td><td></td></tr>
<tr><td>长安</td><td>陕西西安</td><td>前202—后9</td><td>211</td><td></td></tr>
<tr><td>新</td><td>常安</td><td>陕西西安</td><td>9—23</td><td>15</td><td>一任帝
王莽</td><td></td></tr>
<tr><td rowspan="2">玄汉</td><td>洛阳</td><td>河南洛阳</td><td>23—24</td><td>2</td><td rowspan="2">一任帝
刘玄</td><td></td></tr>
<tr><td>长安</td><td>陕西西安</td><td>24—25</td><td>2</td><td></td></tr>
<tr><td>成家</td><td>成都</td><td>四川成都</td><td>25—36</td><td>12</td><td>一任帝
公孙述</td><td></td></tr>
<tr><td rowspan="3">东汉</td><td>洛阳</td><td>河南洛阳</td><td>25—190</td><td>166</td><td>一任帝
刘秀</td><td></td></tr>
<tr><td>长安</td><td>陕西西安</td><td>190—195</td><td>6</td><td rowspan="2">十四任帝
刘协</td><td></td></tr>
<tr><td>许县</td><td>河南许昌</td><td>196—220</td><td>25</td><td></td></tr>
</table>

<table>
<tr><td>曹魏</td><td>洛阳</td><td>河南洛阳</td><td>220—265</td><td>46</td><td>一任帝
曹丕</td><td></td></tr>
<tr><td>蜀汉</td><td>成都</td><td>四川成都</td><td>221—263</td><td>43</td><td>一任帝
刘备</td><td></td></tr>
<tr><td rowspan="4">东吴</td><td rowspan="2">武昌</td><td rowspan="2">湖北鄂州</td><td>222—229</td><td>8</td><td>一任帝
孙权</td><td></td></tr>
<tr><td>265—266</td><td>2</td><td>四任帝
孙皓</td><td></td></tr>
<tr><td rowspan="2">建业</td><td rowspan="2">江苏南京</td><td>229—265</td><td>37</td><td>一任帝
孙权</td><td></td></tr>
<tr><td>266—280</td><td>15</td><td>四任帝
孙皓</td><td></td></tr>
<tr><td rowspan="5">晋</td><td rowspan="2">洛阳</td><td rowspan="2">河南洛阳</td><td>265—304</td><td>40</td><td>一任帝
司马炎</td><td></td></tr>
<tr><td>306—311</td><td>6</td><td rowspan="2">四任帝
司马衷</td><td></td></tr>
<tr><td rowspan="2">长安</td><td rowspan="2">陕西西安</td><td>304—306</td><td>3</td><td></td></tr>
<tr><td>313—316</td><td>4</td><td>六任帝
司马邺</td><td></td></tr>
<tr><td>建康</td><td>江苏南京</td><td>317—420</td><td>104</td><td>七任帝
司马睿</td><td></td></tr>
<tr><td>成汉</td><td>成都</td><td>四川成都</td><td>304—347</td><td>44</td><td>一任帝
李雄</td><td></td></tr>
</table>

汉赵	离石	山西离石	304—305	2	一任帝 刘渊	
	黎亭	山西壶关	305—308	4		
	蒲子	山西隰县	308—309	2		
	平阳	山西临汾	309—318	10		
	长安	陕西西安	318—328	11	五任帝 刘曜	
后赵	襄国	河北邢台	319—334	16	一任帝 石勒	
			350—351	2	七任帝 石祗	
	邺城	河北临漳	335—350	16	三任帝 石虎	
冉魏	邺城	河北临漳	350—352	3	一任帝 冉闵	
前秦	长安	陕西西安	351—385	35	一任帝 苻健	
	太原	山西太原	385—386	2	四任帝 苻丕	
	南安	甘肃陇西	386—394	9	五任帝 苻登	
	湟中	青海湟中	394	1	六任帝 苻崇	

<table>
<tr><td rowspan="2">后秦</td><td>北地</td><td>陕西耀县</td><td>384—386</td><td>3</td><td rowspan="2">一任帝
姚苌</td><td></td></tr>
<tr><td>长安</td><td>陕西西安</td><td>386—417</td><td>32</td><td></td></tr>
<tr><td rowspan="10">西秦</td><td>勇士城</td><td>甘肃榆中</td><td>385—386</td><td>2</td><td rowspan="3">一任王
乞伏国仁</td><td></td></tr>
<tr><td rowspan="3">苑川</td><td rowspan="3">甘肃榆中</td><td>386—388</td><td>3</td><td></td></tr>
<tr><td>400—400</td><td>1</td><td></td></tr>
<tr><td>410—412</td><td>3</td><td rowspan="4">二任王
乞伏乾归</td><td></td></tr>
<tr><td>金城</td><td>甘肃兰州</td><td>388—400</td><td>13</td><td></td></tr>
<tr><td>度坚城</td><td>甘肃靖远</td><td>409—410</td><td>2</td><td>度坚山</td></tr>
<tr><td>谭郊</td><td>甘肃临夏</td><td>412</td><td>1</td><td></td></tr>
<tr><td>枹罕</td><td>甘肃临夏</td><td>412—429</td><td>18</td><td>三任王
乞伏炽磐</td><td></td></tr>
<tr><td>定连</td><td>甘肃临夏东南</td><td>429—430</td><td>2</td><td rowspan="2">四任王
乞伏暮末</td><td></td></tr>
<tr><td>南安</td><td>甘肃陇西</td><td>430—431</td><td>2</td><td></td></tr>
</table>

<table>
<tr><td rowspan="4">前燕</td><td>棘城</td><td>辽宁义县</td><td>337—342</td><td>6</td><td rowspan="2">一任王
慕容皝</td><td></td></tr>
<tr><td>龙城</td><td>辽宁朝阳</td><td>342—352</td><td>11</td><td></td></tr>
<tr><td>蓟城</td><td>北京</td><td>352—357</td><td>6</td><td rowspan="2">二任帝
慕容儁</td><td></td></tr>
<tr><td>邺城</td><td>河北临漳</td><td>357—370</td><td>14</td><td></td></tr>
<tr><td rowspan="2">后燕</td><td>中山</td><td>河北定州</td><td>385—397</td><td>13</td><td>一任帝
慕容垂</td><td></td></tr>
<tr><td>龙城</td><td>辽宁朝阳</td><td>397—407</td><td>11</td><td>三任帝
慕容宝</td><td></td></tr>
<tr><td rowspan="4">西燕</td><td>华阴</td><td>陕西华阴</td><td>384</td><td>1</td><td>一任王
慕容泓</td><td></td></tr>
<tr><td>长安</td><td>陕西西安</td><td>385—386</td><td>2</td><td>二任帝
慕容泓</td><td></td></tr>
<tr><td>燕熙城</td><td>山西闻喜</td><td>386</td><td>1</td><td>六任帝
慕容忠</td><td></td></tr>
<tr><td>长子</td><td>山西长子</td><td>386—394</td><td>9</td><td>七任帝
慕容永</td><td></td></tr>
<tr><td rowspan="2">南燕</td><td>滑台</td><td>河南滑县</td><td>398—399</td><td>2</td><td rowspan="2">一任帝
慕容德</td><td></td></tr>
<tr><td>广固</td><td>山东青州</td><td>399—410</td><td>12</td><td></td></tr>
</table>

<table>
<tr><td>北燕</td><td>龙城</td><td>辽宁朝阳</td><td>407—436</td><td>30</td><td>一任帝
高云</td><td></td></tr>
<tr><td>西蜀</td><td>成都</td><td>四川成都</td><td>405—413</td><td>9</td><td>一任王
谯纵</td><td></td></tr>
<tr><td>前凉</td><td>姑臧</td><td>甘肃武威</td><td>320—376</td><td>57</td><td>一任王
张茂</td><td></td></tr>
<tr><td>后凉</td><td>姑臧</td><td>甘肃武威</td><td>386—403</td><td>18</td><td>一任帝
吕光</td><td></td></tr>
<tr><td rowspan="6">南凉</td><td>廉川堡</td><td>青海民和</td><td>397—399</td><td>3</td><td rowspan="2">一任王
秃发乌孤</td><td></td></tr>
<tr><td rowspan="3">乐都</td><td rowspan="3">青海乐都</td><td>399</td><td>1</td><td></td></tr>
<tr><td>402—406</td><td>5</td><td rowspan="2">三任王
秃发傉檀</td><td></td></tr>
<tr><td>410—414</td><td>5</td><td></td></tr>
<tr><td>西平</td><td>青海西宁</td><td>399—402</td><td>4</td><td>二任王
秃发利鹿孤</td><td></td></tr>
<tr><td>姑臧</td><td>甘肃武威</td><td>406—410</td><td>5</td><td>三任王
秃发傉檀</td><td></td></tr>
</table>

<table>
<tr><td rowspan="3">北凉</td><td>建康</td><td>甘肃高台</td><td>397—398</td><td>2</td><td rowspan="2">一任王
段业</td><td></td></tr>
<tr><td>张掖</td><td>甘肃张掖</td><td>398—412</td><td>15</td><td></td></tr>
<tr><td>姑臧</td><td>甘肃武威</td><td>412—439</td><td>28</td><td>二任王
沮渠蒙逊</td><td></td></tr>
<tr><td rowspan="3">西凉</td><td rowspan="2">敦煌</td><td rowspan="2">甘肃敦煌</td><td>400—405</td><td>6</td><td>一任王
李暠</td><td></td></tr>
<tr><td>420—421</td><td>2</td><td>三任王
李恂</td><td></td></tr>
<tr><td>酒泉</td><td>甘肃酒泉</td><td>405—420</td><td>16</td><td>一任王
李暠</td><td></td></tr>
<tr><td rowspan="3">胡夏</td><td>统万</td><td>陕西靖边</td><td>413—427</td><td>15</td><td>一任帝
赫连勃勃</td><td>白城子</td></tr>
<tr><td>上邽</td><td>甘肃天水</td><td>427—428</td><td>2</td><td>二任帝
赫连昌</td><td></td></tr>
<tr><td>平凉</td><td>甘肃华亭</td><td>428—430</td><td>3</td><td>三任帝
赫连定</td><td></td></tr>
<tr><td>南宋</td><td>建康</td><td>江苏南京</td><td>420—479</td><td>60</td><td>一任帝
刘裕</td><td></td></tr>
<tr><td>南齐</td><td>建康</td><td>江苏南京</td><td>479—502</td><td>24</td><td>一任帝
萧道成</td><td></td></tr>
</table>

<table>
<tr><td rowspan="4">南梁</td><td rowspan="2">建康</td><td rowspan="2">江苏南京</td><td>502—551</td><td>50</td><td>一任帝
萧衍</td><td></td></tr>
<tr><td>555—557</td><td>3</td><td>五任帝
萧渊明</td><td></td></tr>
<tr><td rowspan="2">江陵</td><td rowspan="2">湖北江陵</td><td>552—554</td><td>3</td><td>四任帝
萧绎</td><td></td></tr>
<tr><td>555—587</td><td>33</td><td>七任帝
萧詧</td><td></td></tr>
<tr><td>陈</td><td>建康</td><td>江苏南京</td><td>557—589</td><td>33</td><td>一任帝
陈霸先</td><td></td></tr>
<tr><td rowspan="5">北魏</td><td>盛乐</td><td>内蒙古和林格尔</td><td>386—398</td><td>13</td><td rowspan="2">一任帝
拓跋珪</td><td>北都</td></tr>
<tr><td>平城</td><td>山西大同</td><td>398—493</td><td>96</td><td>南都，代都</td></tr>
<tr><td>洛阳</td><td>河南洛阳</td><td>493—534</td><td>42</td><td>七任帝
元宏</td><td></td></tr>
<tr><td>邺城</td><td>河北临漳</td><td>534—550</td><td>17</td><td>十六任帝
元善见</td><td>（东魏）</td></tr>
<tr><td>长安</td><td>陕西西安</td><td>534—556</td><td>23</td><td>十五任帝
元修</td><td>（西魏）</td></tr>
<tr><td>北齐</td><td>邺城</td><td>河北临漳</td><td>550—577</td><td>28</td><td>一任帝
高洋</td><td></td></tr>
<tr><td>北周</td><td>长安</td><td>陕西西安</td><td>557—581</td><td>25</td><td>一任帝
宇文觉</td><td></td></tr>
</table>

隋	大兴	陕西西安	581—618	38	一任帝杨坚	
隋	东都	河南洛阳	618—619	2	五任帝杨侗	
唐	长安	陕西西安	618—690	73	一任帝李渊	
唐	长安	陕西西安	705—904	200	六任帝李显	
唐	洛阳	河南洛阳	904—907	4	二十四任帝李晔	东都
唐	太原	山西太原				北都，北京
南周	洛阳	河南洛阳	690—705	16	一任帝武曌	神都
后梁	开封	河南开封	907—909	3	一任帝朱温	
后梁	开封	河南开封	913—923	11	三任帝朱友贞	
后梁	洛阳	河南洛阳	909—913	5	一任帝朱温	
后唐	洛阳	河南洛阳	923—936	14	一任帝李存勖	

后晋	洛阳	河南洛阳	936—938	3	一任帝石敬瑭	
	开封	河南开封	938—946	9		东京
后汉	开封	河南开封	947—950	4	一任帝刘知远	
	太原	山西太原	951—979	29	三任帝刘崇	
后周	开封	河南开封	951—960	10	一任帝郭威	
岐	凤翔	陕西凤翔	907—924	18	一任王李茂贞	
南楚	长沙府	湖南长沙	907—951	45	一任王马殷	
吴越	杭州	浙江杭州	907—978	72	一任王钱镠	
前蜀	成都	四川成都	907—925	19	一任帝王建	
后蜀	成都	四川成都	934—965	32	一任帝孟知祥	

<table>
<tr><td>南吴</td><td>江都府</td><td>江苏扬州</td><td>910—937</td><td>28</td><td>一任王杨渭</td><td></td></tr>
<tr><td>桀燕</td><td>幽州</td><td>北京</td><td>911—913</td><td>3</td><td>一任帝刘守光</td><td></td></tr>
<tr><td>南汉</td><td>兴王府</td><td>广东广州</td><td>917—971</td><td>55</td><td>一任帝刘龑</td><td></td></tr>
<tr><td>南平</td><td>江陵府</td><td>湖北江陵</td><td>924—963</td><td>40</td><td>一任王高季兴</td><td></td></tr>
<tr><td rowspan="2">闽</td><td>长乐府</td><td>福建福州</td><td>933—944</td><td>12</td><td>一任帝王延钧(945年称南都)</td><td></td></tr>
<tr><td>建州</td><td>福建建瓯</td><td>943—945</td><td>3</td><td>四任帝王延政</td><td></td></tr>
<tr><td rowspan="3">南唐</td><td rowspan="2">江宁府</td><td rowspan="2">江苏南京</td><td>937—961</td><td>25</td><td>一任帝徐知诰(李昪)</td><td rowspan="2">西都</td></tr>
<tr><td>961—975</td><td>15</td><td>三任帝李煜</td></tr>
<tr><td>南昌府</td><td>江西南昌</td><td>961</td><td>1</td><td>二任帝李璟</td><td>南都</td></tr>
</table>

辽	临潢府	内蒙巴林左旗	916—1120	205	一任帝耶律阿保机(918年称皇都,939年称上京,947年称中京,同年撤销)	皇都,上京
	大定府	内蒙宁城			(1007年称中京)	中京
	辽阳府	辽宁辽阳			(929年称南京,939年改称东京)	东京
	大同府	山西大同			(1044年称西京)	西京
	析津府	北京			(937年称南京,1012年改燕京,后又改南京)	燕京,南京
	虎思斡儿朵	吉尔吉斯斯坦托克马克			十任帝耶律大石	(西辽)
宋	开封府	河南开封	960—1127	168	一任帝赵匡胤	汴京,东京
	临安府	浙江杭州	1129—1276	148	十任帝赵构	
	大名府	河北大名			(1042年称北京)	北京
	河南府	河南洛阳				西京
	应天府	河南商丘			(1014年称南京)	南京

西夏	兴庆府	宁夏银川	1032—1227	196	一任帝李元昊	兴京
金	会宁府	黑龙江阿城	1115—1153	39	一任帝完颜阿骨打	上京
	燕京	北京	1153—1214	62	四任帝完颜亮	初称燕京,1153年改称中都
	开封	河南开封	1161	1	四任帝完颜亮	南京
			1214—1233	20	八任帝完颜珣(初称汴京,1153年称南京)	
	蔡州	河南汝南	1233—1234	2	九任帝完颜守绪	
	临潢府	内蒙巴林左旗			(初称上京,1138年称北京,1153年撤销,专称临潢府)	
	大定府	内蒙宁城			(初称中京,1153年改称北京)	北京
	金昌府	河南洛阳			(1127年称中京)	中京
	辽阳府	辽宁辽阳				东京
	大同府	山西大同				西京
	平州	河北卢龙			(1123年称南京,1126年撤销)	南京

刘齐	大名	河北大名	1130—1132	3	一任帝刘豫	北京
	汴州	河南开封	1132—1137	6		汴京
	东平府	山东东平				东京
元	和林	蒙古国哈尔和林	1206—1264	59	一任帝铁木真	
	大都	北京	1264—1368	105	七任帝忽必烈(初称燕京,1264年称中都,1272年称大都)	
	上都	内蒙正蓝旗			(1264年称上都)(1288年废金四京)	开平府
	萨莱	俄罗斯阿斯特拉罕附近				钦察汗国首都
	阿力麻里	新疆霍城				察合台汗国首都
	也迷里	新疆额敏县东				窝阔台汗国首都
	大不里士	伊朗东阿塞拜疆				伊尔汗国首都

<table>
<tr><td rowspan="3">天完</td><td>蕲水</td><td>湖北浠水</td><td>1351—1354</td><td>4</td><td rowspan="3">一任帝
徐寿辉</td><td></td></tr>
<tr><td>汉阳</td><td>湖北武汉</td><td>1356—1359</td><td>4</td><td></td></tr>
<tr><td>江州</td><td>江西九江</td><td>1359—1360</td><td>2</td><td></td></tr>
<tr><td rowspan="5">韩宋</td><td>亳州</td><td>安徽亳州</td><td>1355</td><td>1</td><td rowspan="5">一任帝
韩林儿</td><td></td></tr>
<tr><td rowspan="2">安丰</td><td rowspan="2">安徽寿县</td><td>1355—1358</td><td>4</td><td></td></tr>
<tr><td>1359—1363</td><td>5</td><td></td></tr>
<tr><td>汴梁</td><td>河南开封</td><td>1358—1359</td><td>2</td><td></td></tr>
<tr><td>滁州</td><td>安徽滁州</td><td>1363—1366</td><td>4</td><td></td></tr>
<tr><td>陈汉</td><td>武昌</td><td>湖北武汉</td><td>1360—1364</td><td>5</td><td>一任帝
陈友谅</td><td></td></tr>
<tr><td>明夏</td><td>重庆</td><td>四川重庆</td><td>1362—1371</td><td>10</td><td>一任帝
明玉珍</td><td></td></tr>
</table>

明	应天府	江苏南京	1368—1421	54	一任帝朱元璋（1368年称南京，1378年称京师，1403年复称南京）	南京
	北京	北京	1421—1644	224	三任帝朱棣（1403年称北京，1441年称京师）	
	南京	江苏南京	1644—1645	2	十八任帝朱由崧	
	福州	福建福州	1645—1646	2	十九任帝朱聿键	
	开封府	河南开封			（1368年称北京，1378年撤销）	
	凤阳府	安徽凤阳			（1369年称中都）	
	承天府	湖北钟祥			（1539年称兴都）	
清	赫图阿拉	辽宁新宾	1616—1622	7	一任帝努尔哈赤	1634年称兴京
	辽阳	辽宁辽阳	1622—1625	4		东京
	沈阳	辽宁沈阳	1625—1644	20		奉天1634年称盛京
	顺天府	北京	1644—1911	268	三任帝福临	
太平天国	天京	江苏南京	1853—1864	12	一任王洪秀全	

七、建都分布表

位次	今地	共计年数	王朝	昔地	建都帝王	起讫	年数	备注
1	西安(陕西)	1041	周	酆邑	一任王姬发	前1134—前771	364	
			西汉	长安	一任帝刘邦	前202—后9	211	
			新	常安	一任帝王莽	9—23	15	
			玄汉	长安	一任帝刘玄	23—25	3	
			东汉	长安	十四任帝刘协	190—195	6	
			晋	长安	四任帝司马衷	304—306	3	
					六任帝司马业	313—316	4	
			汉赵	长安	五任帝刘曜	318—328	11	
			前秦	长安	一任帝苻健	351—385	35	
			西燕	长安	二任帝慕容冲	385—386	2	
			后秦	长安	一任帝姚苌	386—417	32	
			北魏	长安	十五任帝元修	534—556	23	(西魏)
			北周	长安	一任帝宇文觉	557—581	25	
			隋	大兴	一任帝杨坚	581—618	38	
			唐	长安	一任帝李渊	618—690	73	
					六任帝李显	705—904	200	

2	洛阳（河南）	863	周	洛阳	十三任王姬宜臼	前 771—前 256	516	
			西汉	洛阳	一任帝刘邦	前 202	1	
			玄汉	洛阳	一任帝刘玄	23—24	2	
			东汉	洛阳	一任帝刘秀	25—190	166	
			曹魏	洛阳	一任帝曹丕	220—265	46	
			晋	洛阳	一任帝司马炎	265—304	40	
					四任帝司马衷	306—311	6	
			北魏	洛阳	七任帝元宏	493—534	42	
			隋	东都	五任帝杨侗	618—619	2	
			南周	洛阳	一任帝武曌	690—705	16	
			唐	洛阳	二十四任帝李晔	904—907	4	
			后梁	洛阳	一任帝朱温	909—913	5	
			后唐	洛阳	一任帝李存勖	923—936	14	
			后晋	洛阳	一任帝石敬瑭	936—938	3	

3	北京（河北）	775	燕	蓟城	一任王易王	前333—前226	108	
			前燕	蓟城	二任帝慕容儁	352—357	6	
			桀燕	幽州	一任帝刘守光	911—913	3	
			金	燕京	四任帝完颜亮	1153—1214	62	
			元	大都	七任帝忽必烈	1264—1368	105	
			明	北京	三任帝朱棣	1421—1644	224	
			清	北京	三任帝福临	1644—1911	268	
4	夏县（山西）	440	夏	安邑	一任帝姒文命	前2205—前1766	440	半信史时代

5	南京（江苏）	429	东吴	建业	一任帝孙权	229—280	52	
			晋	建康	七任帝司马睿	317—420	104	
			南宋	建康	一任帝刘裕	420—479	60	
			南齐	建康	一任帝萧道成	479—502	24	
			南梁	建康	一任帝萧衍	502—551	50	
					五任帝萧渊明	555—557	3	
			陈	建康	一任帝陈霸先	557—589	33	
			南唐	江宁府	一任帝徐知诰（李昪）	937—975	39	西都
			明	应天府	一任帝朱元璋	1368—1421	54	
				南京	十八任帝朱由崧	1644—1645	2	
			太平天国	天京	一任王洪秀全	1853—1864	12	
6	江陵（湖北）	419	楚	郢都	二任王芈熊赀	前690—前504	187	
					十四任王芈章	前433—前278	156	
			南梁	江陵	四任帝萧绎	552—554	3	
					七任帝萧詧	555—587	33	
			南平	江陵府	一任王高季兴	924—963	40	

7	开封(河南)	349	魏	大梁	一任王魏罃	前340—前225	116	
			后梁	开封	一任帝朱温	907—909	3	
					三任帝朱友贞	913—923	11	
			后晋	开封	一任帝石敬瑭	938—946	9	
			后汉	开封	一任帝刘知远	947—950	4	
			后周	开封	一任帝郭威	951—960	10	
			宋	开封	一任帝赵匡胤	960—1127	168	
			刘齐	汴京	一任帝刘豫	1132—1137	6	
			金	汴京	四任帝完颜亮	1161—1161	1	
					八任帝完颜珣	1214—1233	20	
			韩宋	汴京	一任帝韩林儿	1358—1359	2	
8	商丘(河南)	271	商	亳邑	一任帝子天乙	前1783—前1557	227	
			桀宋	睢阳	一任王宋偃	前329—前286	44	
9	杭州(浙江)	220	吴越	杭州	一任王钱镠	907—978	72	
			宋	临安	十任帝赵构	1129—1276	148	

10	新郑（河南）	205	黄帝	有熊	一任帝姬轩辕	前 2698—前 2598	101	传说时代
			韩	新郑	一任王宣惠王	前 333—前 230	104	
11	巴林左旗（内蒙）	205	辽	临潢	一任帝 耶律阿保机	916—1120	205	
12	安阳（河南）	204	商	殷邑	二十任帝 子盘庚	前 1401—前 1198	204	
13	银川（宁夏）	196	西夏	兴庆	一任帝李元昊	1032—1227	196	
14	成都（四川）	159	成家	成都	一任帝公孙述	25—36	12	
			蜀汉	成都	一任帝刘备	221—263	43	
			成汉	成都	一任帝李雄	304—347	44	
			西蜀	成都	一任王谯纵	405—431	9	
			前蜀	成都	一任帝王建	907—925	19	
			后蜀	成都	一任帝孟知祥	934—965	32	

15	淄博(山东)	139	齐	临淄	一任王田因齐	前359—前221	139	
16	邢台(河北)	135	商	邢邑	十四任帝 子祖乙	前1517—前1401	117	
			后赵	襄国	一任帝石勒	319—334	16	
					七任帝石祗	350—351	2	
17	咸阳(陕西)	133	秦	咸阳	一任王嬴驷	前338—前206	133	
18	临汾(山西)	110	黄帝	平阳	六任帝 伊祁放勋	前2357—前2258	100	传说时代
			汉赵	平阳	一任帝刘渊	309—318	10	
19	武威(甘肃)	108	前凉	姑臧	一任王张茂	320—376	57	
			后凉	姑臧	一任帝吕光	386—403	18	
			南凉	姑臧	三任王 秃发傉檀	406—410	5	
			北凉	姑臧	二任王 沮渠蒙逊	412—439	28	
20	邯郸(河北)	101	赵	邯郸	一任王赵雍	前326—前222	105	

21	大同（山西）	96	北魏	平城	一任帝拓跋珪	398—439	96	
22	胶南（山东）	90	越	琅邪	一任王姒勾践	前 468—前 379	90	
23	苏州（江苏）	88	吴	姑苏	二任王吴诸樊	前 560—前 473	88	
24	曲阜（山东）	84	黄帝	曲阜	二任帝己挚	前 2598—前 2515	84	传说时代
25	偃师（河南）	80	黄帝	亳邑	四任帝姬夋	前 2437—前 2358	80	传说时代
26	淇县（河南）	77	商	朝歌	二十八任帝子武乙	前 1198—前 1122	77	
27	杞县（河南）	76	黄帝	高阳	三任帝姬颛顼	前 2515—前 2240	76	传说时代

28	临漳（河北）	76	后赵	邺城	三任帝石虎	335—350	16	
			冉魏	邺城	一任帝冉闵	350—352	3	
			前燕	邺城	二任帝慕容儁	357—370	14	
			北魏	邺城	十六任帝 元善见	534—550	17	（东魏）
			北齐	邺城	一任帝高洋	550—577	28	
29	锡山（江苏）	27	吴	梅里	一任王吴寿梦	前586—前560	27	
30	钟祥（湖北）	72	楚	郢城	十三任王芈轸	前504—前433	72	
31	绍兴（浙江）	57	越	会稽	五任王姒翳	前497—前333	57	
32	广州（广东）	55	南汉	番禺	一任帝刘龑	917—971	55	
33	秭归（湖北）	52	楚	丹阳	一任王芈熊通	前741—前690	52	

34	朝阳（辽宁）	51	前燕	龙城	一任王慕容皝	342—352	11	
			后燕	龙城	二任帝慕容宝	397—407	11	
			北燕	和龙	一任帝高云	407—436	30	
35	永济（山西）	48	黄帝	蒲阪	七任帝 姚重华	前2255—前2208	48	传说 时代
36	长沙（湖南）	45	南楚	长沙府	一任王马殷	907—951	45	
37	阿城（黑龙江）	39	金	会宁	一任帝 完颜阿骨打	1115—1153	39	
38	太原（山西）	31	前秦	太原	四任帝苻丕	385—386	2	
			后汉	太原	三任帝刘崇	951—979	29	（北汉）
39	诸暨（浙江）	30	越	诸暨	一任王姒勾践	前497—前468	30	
40	安邑（山西）	30	魏	安邑	一任王魏蓿	前369—前340	30	

41	寿县(安徽)	28	楚	寿春	二十三任王 芈完	前241—前223	19	
			韩宋	安丰	一任帝 韩林儿	1355—1363	9	
42	扬州(江苏)	28	南吴	江都府	一任王 杨渭	910—937	28	
43	淮阳(河南)	26	楚	陈丘	二十二任王 芈横	前278—前253	26	
44	许昌(河南)	25	东汉	许县	十四任帝 刘协	196—220	25	
45	荥阳(河南)	24	商	嚣邑	八任帝 子仲丁	前1557—前1534	24	
46	沈阳(辽宁)	20	清	盛京	一任帝 努尔哈赤	1625—1644	20	
47	临夏(甘肃)	19	西秦	谭郊 枹罕 定连	三任王 乞伏炽磐	412—430	19	

<table>
<tr><td>48</td><td>凤翔（陕西）</td><td>18</td><td>岐</td><td>凤翔</td><td>一任王
李茂贞</td><td>907—924</td><td>18</td><td></td></tr>
<tr><td>49</td><td>酒泉（甘肃）</td><td>16</td><td>西凉</td><td>酒泉</td><td>一任王
李暠</td><td>405—420</td><td>16</td><td></td></tr>
<tr><td>50</td><td>张掖（甘肃）</td><td>15</td><td>北凉</td><td>张掖</td><td>一任王
段业</td><td>398—412</td><td>15</td><td></td></tr>
<tr><td>51</td><td>靖边（陕西）</td><td>15</td><td>胡夏</td><td>统万</td><td>一任帝
赫连勃勃</td><td>413—427</td><td>15</td><td></td></tr>
<tr><td rowspan="2">52</td><td rowspan="2">福州（福建）</td><td rowspan="2">14</td><td>闽</td><td>长乐府</td><td>一任帝
王延钧</td><td>933—944</td><td>12</td><td rowspan="2"></td></tr>
<tr><td>明</td><td>福州</td><td>十九任
帝朱聿键</td><td>1645—1646</td><td>2</td></tr>
<tr><td>53</td><td>定州（河北）</td><td>13</td><td>后燕</td><td>中山</td><td>一任帝
慕容垂</td><td>385—397</td><td>13</td><td></td></tr>
<tr><td>54</td><td>兰州（甘肃）</td><td>13</td><td>西秦</td><td>金城</td><td>二任王
乾伏乾归</td><td>388—400</td><td>13</td><td></td></tr>
</table>

55	和林格尔（内蒙）	13	北魏	盛乐	一任帝拓跋珪	386—398	13	
56	青州（山东）	12	南燕	广固	一任帝慕容德	399—410	12	
57	陇西（甘肃）	11	前秦	南安	五任帝苻登	386—394	9	
			西秦	南安	四任王乞伏暮末	430—431	2	
58	乐都（青海）	11	南凉	乐都	一任王秃发乌孤	399	1	
					三任王秃发傉檀	402—406	5	
						410—414	5	
59	鄂州（湖北）	10	东吴	武昌	一任帝孙权	222—229	8	
					四任帝孙皓	265—266	2	
60	内黄（河南）	10	商	相邑	十三任帝子河亶甲	前1534—前1525	10	

61	重庆（四川）	10	明夏	重庆	一任帝明玉珍	1362—1371	10	
62	温县（河南）	9	商	耿邑	十四任 帝子祖乙	前1525—前1517	9	
63	长子（山西）	9	西燕	长子	七任帝慕容永	386—394	9	
64	辽阳（辽宁）	9	燕	襄平	八任王姬喜	前226—前222	5	
			清	东京	一任帝 努尔哈赤	1622—1625	4	
65	敦煌（甘肃）	8	西凉	敦煌	一任王李暠	400—405	6	
					三任王李恂	420—421	2	
66	新宾（辽宁）	8	清	兴京	一任帝 努尔哈赤	1616—1622	7	
67	榆中（甘肃）	8	西秦	勇士城 苑川	一任王 乞伏国仁	385—388	4	385至386年称勇士城，386至388年称苑川
					二任王 乞伏乾归	400	1	
						410—412	3	

68	蔚县(河北)	7	赵	代县	六任王赵嘉	前228—前222	7	
69	义县(辽宁)	6	前燕	棘城	一任王慕容皝	337—342	6	
70	临潼(陕西)	5	西汉	栎阳	一任帝刘邦	前206—前202	5	
71	徐州(江苏)	5	西楚	彭城	一任王项羽	前206—前202	5	
72	武汉(湖北)	5	陈汉	武昌	一任帝陈友谅	1360—1364	5	
73	濮阳(河南)	4	黄帝	帝丘	三任帝姬颛顼	前2440—前2437	4	传说时代
74	壶关(山西)	4	汉赵	黎亭	一任帝刘渊	305—308	4	

75	西宁（青海）	4	南凉	西平	二任王 秃发利鹿孤	399—402	4	
76	浠水（湖北）	4	天完	蕲水	一任帝徐寿辉	1351—1354	4	
77	武汉西北（湖北）	4	天完	汉阳	一任帝徐寿辉	1356—1359	4	
78	滁州（安徽）	4	韩宋	滁州	一任帝韩林儿	1363—1366	4	
79	湟中（青海）	4	前秦	湟中	五任帝苻崇	394	1	
			南凉	廉川堡	一任王 秃发乌孤	397—399	3	
80	耀县（陕西）	3	后秦	北地	一任帝姚苌	384—386	3	
81	平凉（甘肃）	3	胡夏	平凉	三任帝赫连定	428—430	3	

82	建瓯（福建）	3	闽	建州	四任帝王延政	943—945	3	
83	大名（河北）	3	刘齐	大名	一任帝刘豫	1130—1132	3	
84	离石（山西）	2	汉赵	离石	一任帝刘渊	304—305	2	
85	隰县（山西）	2	汉赵	蒲子	一任帝刘渊	308—309	2	
86	高台（甘肃）	2	北凉	建康	一任王段业	397—398	2	
87	滑县（河南）	2	南燕	滑台	一任帝慕容德	398—399	2	
88	靖远（甘肃）	2	西秦	度坚城	二任王乞伏乾归	409—410	2	

89	天水（甘肃）	2	胡夏	上邽	二任帝赫连昌	427—428	2	
90	汝南（河南）	2	金	蔡州	九任帝 完颜守绪	1233—1234	2	
91	九江（江西）	2	天完	江州	一任帝 徐寿辉	1359—1360	2	
92	华阴（陕西）	1	西燕	华阴	一任王慕容泓	384	1	
93	闻喜（山西）	1	西燕	燕熙城	六任帝慕容忠	386	1	
94	南昌（江西）	1	南唐	南昌府	二任帝李璟	961	1	
95	亳州（安徽）	1	韩宋	亳州	一任帝韩林儿	1355	1	

【第二篇·帝王篇】

三皇五氏 （神话时代）

任数	庙号	尊号	姓名	亲属	在位起讫公元前	即位去位年龄	在位年	年号	备注
人类始祖		盘古							
		天皇						（有天下 18000 年）	
		地皇						（有天下 11000 年）	
		人皇						（有天下 45600 年）	
		有巢氏						（有天下百余代）	
	遂皇	燧人氏						（有天下百余代，12000 年）	
	羲皇 太昊	伏羲氏		母　华胥			110		
	女帝	女娲氏	风				130		
	炎帝	神农氏	姜	父　少典 母　任姒			120		

黄帝 （传说时代）

共7任君　7帝　前2698—前2208　立国约491年

建都：河南新郑　疆域：黄河中游　亡于夏

任数	庙号	尊号	姓名	亲属	在位起讫公元前	即位去位年龄	在位年	年号	备注
1	黄帝	有熊氏	姬轩辕（公孙）	父 少典 母 附宝	2698 2598	52 152	101	元年（前2698）	五帝之一
2	少昊	金天氏	己挚（青阳）	父 姬轩辕 母 女节	2598 2515	17 100	84	元年（前2597）	
3	玄帝	高阳氏	姬颛顼	祖父 姬轩辕 父 昌意 母 景仆	2515 2437	20 98	79	元年（前2514）	五帝之二
4	佶帝喾	高辛氏	姬夋	曾祖 姬轩辕 祖父 玄嚣 父 蟜极	2437 2367	30 100	71	元年（前2436）	五帝之三
5			姬挚	父 姬夋 母 娵訾	2367 2358		10	元年（前2366）	
6	唐尧帝		伊放勋（伊祁）	父 姬夋 母 庆都	2357 2258	20 119	100	元年（前2357）	五帝之四囚死
7	虞舜帝		姚重华	父 瞽叟 母 握登	2255 2208	53 100	48	元年（前2255）	五帝之五横死

夏 (半信史时代)

共19任君 19帝 前2205—前1766 立国440年

建都:山西夏县 疆域:河南,山西南部 亡于商

任数	庙号	尊号	姓名	亲属	在位起讫公元前	即位去位年龄	在位年	年号	备注
1		禹帝	姒文命	父 姒鲧 母 女志	2205 2198	93 100	8	元年(前2205)	
2			姒启	父 姒文命 外祖父 涂山氏	2198 2189	98 98	10	元年(前2197)	
3			姒太康	父 姒启	2189 2160		30	元年(前2188)	被逐
4			姒仲康	父 姒启 兄 姒太康	2160 2147		14	元年(前2159)	
5			姒相	父 姒仲康	2147 2145		3	元年(前2146)	前2118年,被杀
6			后羿		2145 2138		8	元年(前2145)	被杀
7			寒浞(漪)		2138 2079		60	元年(前2138)	被杀
8			姒少康	父 姒相 母 后缗	2079 2058		22	元年(前2079)	
9			姒杼	父 姒少康	2058 2041		18	元年(前2057)	

10			姒槐（芬）	父　姒杼	2041 2015		27	元年（前2040）	
11			姒芒（荒）	父　姒槐	2015 1997		19	元年（前2014）	
12			姒泄	父　姒芒	1997 1981		17	元年（前1996）	
13			姒不降	父　姒泄	1981 1922		60	元年（前1980）	
14			姒扃	父　姒泄 兄　姒不降	1922 1901		22	元年（前1921）	
15			姒廑（胤甲）	父　姒扃	1901 1880		22	元年（前1900）	
16			姒孔甲	父　姒不降	1880 1849		32	元年（前1879）	暴毙
17			姒皋（昊）	父　姒孔甲	1849 1838		12	元年（前1848）	
18			姒发（敬）	父　姒皋	1838 1819		20	元年（前1837）	
19		桀帝	姒履癸	父　姒发	1819 1766		54	元年（前1818）	逐死

商 (半信史时代)

共31任君 31帝 前1783—前1122 立国662年

建都:河南商丘 疆域:黄河中游 亡于周

任数	庙号	尊号	姓名	亲属	在位起讫公元前	即位去位年龄	在位年	年号	备注
1		成汤	子天乙(履)	父 子主癸	1783 1754	71 100	30	元年(前1783)	
2			子外丙(胜)	父 子天乙 兄 子太丁	1754 1752		3	元年(前1753)	
3			子仲壬	父 子天乙 兄 子外丙	1752 1748		5	元年(前1751)	
4			伊尹		1748 1741		8	元年(前1747)	被杀
5	太宗		子太甲(至)	祖父 子天乙 父 子太丁	1741 1721		21	元年(前1741)	
6			子沃丁(绚)	父 子太甲	1721 1692		30	元年(前1720)	
7			子太庚(辨)	父 子太甲 兄 子沃丁	1692 1667		26	元年(前1691)	
8			子小甲(高)	父 子太庚	1667 1650		18	元年(前1666)	
9			子雍己(伷)	父 子太庚 兄 子小甲	1650 1638		13	元年(前1649)	
10	中宗		子太戊(密)	父 子太庚 兄 子雍己	1638 1563		76	元年(前1637)	
11			子仲丁(庄)	父 子太戊	1563 1550		14	元年(前1562)	

12			子外壬 （发）	父　子太戊 兄　子仲丁	1550 1535		16	元年（前1549）	
13			子河亶甲 （整）	父　子太戊 兄　子外壬	1535 1526		10	元年（前1534）	
14			子祖乙 （滕）	父　子河亶甲	1526 1507		20	元年（前1525）	
15			子祖辛 （旦）	父　子祖乙	1507 1491		17	元年（前1506）	
16			子沃甲 （踰）	父　子祖乙 兄　子祖辛	1491 1466		26	元年（前1490）	
17			子祖丁 （新）	父　子祖辛	1466 1434		33	元年（前1465）	
18			子南庚 （更）	父　子沃甲	1434 1409		26	元年（前1433）	
19			子阳甲 （和）	父　子祖丁	1409 1402		8	元年（前1408）	
20	殷		子盘庚 （旬）	父　子祖丁 兄　子阳甲	1402 1374		29	元年（前1401）	
21			子小辛 （颂）	父　子祖丁 兄　子盘庚	1374 1353		22	元年（前1373）	
22			子小乙 （敛）	父　子祖乙 兄　子小辛	1353 1325		29	元年（前1352）	
23	高宗		子武丁 （昭）	父　子小乙	1325 1266	41 100	60	元年（前1324）	
24			子祖庚 （曜）	父　子武丁	1266 1259		8	元年（前1265）	
25			子祖甲 （载）	父　子武丁 兄　子祖庚	1259 1226		34	元年（前1258）	

26			子廪辛（先）	父 子祖甲	1226 1220		7	元年(前1225)	
27			子庚丁（嚣）	父 子祖甲 兄 子廪辛	1220 1199		22	元年(前1219)	
28			子武乙（瞿）	父 子庚丁	1199 1195		5	元年(前1198)	雷击死
29			子文丁（托）	父 子武乙	1195 1182		14	元年(前1194)	
30			子乙（羡）	父 子文丁	1182 1155		28	元年(前1181)	
31		纣帝	子辛（受）	父 子乙	1155 1122		34	元年(前1154)	自焚

周

共43任君　40王　前1134—前256　立国879年

建都:陕西西安·河南洛阳　疆域:黄河流域　亡于秦

任数	庙号	尊号	姓名	亲属	在位起讫公元前	即位去位年龄	在位年	年号	备注
始祖		喾帝	姬夋						黄帝王朝四任帝
		后稷	姬弃	父　姬夋 母　姜原					夏后稷,居邰邑
			姬不窋	父　姬弃 母　姞氏					迁不窋城
			姬鞠	父　姬不窋					
			姬公刘	父　姬鞠					迁豳邑
		古公·太王	姬亶父	八世祖 姬公刘	1231				迁岐邑
		王季	姬季历	父　姬亶父 母　太姜	1231 1184		48		被杀
		文王	姬昌	父　姬季历 母　太任	1184 1135		50		前1136年,迁酆邑
1		武王	姬发	父　姬昌 母　太姒	1134 1116	75 93	19	元年 (前1134)	
2		成王	姬诵	父　姬发 母　邑姜	1116 1079	12 49	38	元年 (前1115)	
3		康王	姬钊	父　姬诵	1079 1053	31 57	27	元年 (前1078)	

4		昭王	姬瑕	父　姬钊	1053 1002		52	元年 (前1052)	溺死
5		穆王	姬满	父　姬瑕	1002 947	50 105	56	元年 (前1001)	
6		共王	姬繄扈	父　姬满	947 935	72 84	13	元年 (前946)	
7		懿王	姬囏	父　姬繄扈	935 910	25 50	26	元年 (前934)	
8		孝王	姬辟方	父　姬满 兄　姬繄扈	910 895	50 65	16	元年 (前909)	
9		夷王	姬燮	父　姬坚	895 879	4 60	17	元年 (前894)	
10		厉王	姬胡	父　姬燮	879 842		38	元年 (前878)	被逐，前828年卒
共和					841 828		14	元年(前841)	
11		宣王	姬靖 (静长)	父　姬胡	828 782		47	元年 (前827)	吓死
12		幽王	姬宫涅 (湦)	父　姬靖	782 771		12	元年 (前781)	被杀
13	东周	平王	姬宜臼	父　姬宫涅	771 720 3.12		52	元年 (前770)	
14		桓王	姬林	祖父　姬宜臼 父　姬泄父	720 697 3.11		24	元年 (前719)	
15		庄王	姬佗	父　姬林	697 682		16	元年 (前696)	
16		釐王 (僖王)	姬胡齐	父　姬佗	682 677		6	元年 (前681)	

17		惠王	姬阆	父 姬胡齐	677 675 秋		3	元年 (前676)	被逐
18			姬颓	父 姬佗 母 姚姬	675 冬 673		3	元年 (前674)	被杀
19		(二)	姬阆		673 冬 653 闰12.12		21	四年 (前673)	
20		襄王	姬郑	父 姬阆	653 636		18	元年 (前652)	被逐
21			姬带	父 姬阆 母 惠后	636 635 4.3		2		被杀
22		(二)	姬郑		635 4.3 619 8.28		17	十八年 (前635)	
23		顷王	姬壬臣	父 姬郑	619 613		7	元年 (前618)	
24		匡王	姬班	父 姬壬臣	613 607 10.6		7	元年 (前612)	
25		定王	姬瑜	父 姬壬臣 兄 姬班	607 586 11.12		22	元年 (前606)	
26		简王	姬夷	父 姬瑜	586 572 9.15		15	元年 (前585)	
27		灵王	姬泄心	父 姬夷	572 545 12.16		28	元年 (前571)	
28		景王	姬贵	父 姬泄心	545 520 4.18		26	元年 (前544)	

29		悼王	姬猛	父　姬贵	520.4 520 11.12		8月		
30		敬王	姬匄	父　姬贵 兄　姬猛	520 11.16 519.7		9月	元年 (前519)	
31			姬朝	父　姬贵 兄　姬匄	519.7 516.11		4		
32		(二)	姬匄	父　姬贵 兄　姬猛	516.11 477		40	四年 (前516)	
33		元王	姬仁	父　姬匄	477 469		9	元年 (前476)	
34		贞定王	姬介	父　姬仁	469 441.1		29	元年 (前468)	
35		哀王	姬去疾	父　姬介	441.1 441.3		3月		被杀
36		思王	姬叔袭	父　姬介 兄　姬去疾	441.3 441.7		5月		被杀
37		考王	姬槐 (嵬)	父　姬介 兄　姬叔袭	441 426		16	元年 (前440)	
38		威烈王	姬午	父　姬槐	426 402		25	元年 (前425)	
39		安王	姬骄	父　姬午	402 376		27	元年 (前401)	
40		烈王	姬喜	父　姬骄	376 369		8	元年 (前375)	
41		显王	姬扁	父　姬骄 兄　姬喜	369 321		49	元年 (前368)	
42		慎靓王	姬定	父　姬扁	321 315		7	元年 (前320)	
43		赧王	姬延	父　姬定	315 256		60	元年 (前314)	

吴 （春秋时代）

共7任君 7王 前586—前473 立国114年

建都：江苏苏州 疆域：江苏 亡于越

任数	庙号	尊号	姓名	亲属	在位起讫公元前	即位去位年龄	在位年	年号	备注
		勾吴	姬太伯	父 姬亶父 弟 姬季历 侄 姬昌					
			姬仲雍（吴）	父 姬亶父 兄 姬太伯					
		吴伯	吴周章	曾祖父 吴仲雍 祖父 吴季简 父 吴叔达					
			吴熊逐	父 吴周章					
			吴柯相	父 吴熊遂					
			吴强鸠夷	父 吴柯相					
			吴余桥夷吾	父 吴强鸠夷					
			吴柯卢	父 吴余桥夷吾					
			吴周繇	父 吴柯卢					
			吴屈羽	父 吴周繇					
			吴夷吾	父 吴屈羽					
			吴禽处	父 吴夷吾					

			吴转	父　吴禽处					
			吴颇高	父　吴转					
			吴句卑	父　吴颇高					
			吴去齐	父　吴句卑					
1		吴王	吴寿梦 （乘）	父　吴去齐	586 561.9		26	元年 （前 585）	
2		吴王	吴诸樊 （谒） （遏）	父　吴寿梦 弟　吴季札	561 548.12		14	元年 （前 560）	战死
3		吴王	吴余祭	父　吴寿梦 兄　吴诸樊	548 544		5	元年 （前 547）	被杀
4		吴王	吴夷昧	父　吴寿梦 兄　吴余祭	544 527.1		18	元年 （前 543）	
5		吴王	吴僚 （州于）	父　吴夷昧	527 515.4		13	元年 （前 526）	被杀
6		阖闾	吴光	父　吴诸樊	515 496.5		20	元年 （前 514）	战死
7		吴王	吴夫差	祖父　吴光 父　吴波	496 473 11.27		24	元年 （前 495）	自杀

越 （春秋时代）

共 7 任君　7 王　前 497—前 333　立国 165 年

建都:山东胶南　疆域:华东　亡于楚

任数	庙号	尊号	姓名	亲属	在位起讫公元前	即位去位年龄	在位年	年号	备注
始祖			姒少康					（夏八任帝）	
			姒允常						
1		菼执	姒勾践	父　姒允常	497 465		33		
2			姒鼫与 （兴夷） （鹿郢）	父　姒勾践	465 459		7		
3		盲姑	姒不寿	父　姒鼫与	459 449		11		被杀
4			姒翁 （朱句）	父　姒不寿	449 412		38		
5			姒翳 （授）	父　姒翁 弟　姒豫 子　姒诸咎	412 377		36		被杀
6		莽安	姒之侯 （无余）	父　姒翳	375 365		11		
7			姒无强 （搜） （无颛）	父　姒之侯	365 333		33		被杀

楚 (战国时代)

共26任君 26王 前741—前223 立国519年

建都:湖北江陵 疆域:长江、淮河流域 亡于秦

任数	庙号	尊号	姓名	亲属	在位起讫公元前	即位去位年龄	在位年	年号	备注
		楚子	芈熊绎	祖父 鬻熊 父 熊狂					
			芈熊勇	父 芈熊延	847 838		10		
			芈熊严	父 芈熊延 兄 芈熊勇	838 828		11		
			芈熊霜	父 芈熊严	828 822		7		
			芈熊绚 (熊徇)	父 芈熊严 兄 芈熊霜	822 800		23		
			芈熊鄂	父 芈熊绚	800 791		10		
		若敖	芈熊仪	父 芈熊鄂	791 764		28		
		霄敖	芈熊坎	父 芈熊仪	764 758		7		
		蚡冒 (厉王)	徇芈 熊眴	父 芈熊坎	758 741		18		
1		武王	芈熊通	父 芈熊坎	741 690		52	元年 (前741)	
2		文王	芈熊赀	父 芈熊通	690 675 6.15		16	元年 (前689)	

3		杜敖（堵敖）	芈熊艰	父 芈熊赀 母 息妫	675 672		4	元年（前674）	被杀
4		成王	芈熊頵（髡）（恽）	父 芈熊赀 母 息妫	672 626 10.18		47	元年（前671）	被杀
5		穆王	芈商臣	父 芈熊頵	626 614		13	元年（前625）	
6		庄王	芈侣（旅）	父 芈商臣	614 591 7.7		24	元年（前613）	
7		共王	芈审	父 芈侣	591 560 9.14	10 41	32	元年（前590）	
8		康王	芈昭	父 芈审	560 545.12		16	元年（前559）	
9		郏敖	芈麇（员）	父 芈昭	545 541 11.4		5	元年（前544）	绞死
10		灵王	芈围（熊虔）	父 芈审 侄 芈麇	541 529.4		13	元年（前540）	缢死
11		初王	芈比	父 芈审 兄 芈围	529.4 529 5.17		2月		自杀
12		平王	芈弃疾（熊居）	父 芈审 兄 芈比	529 5.18 516 9.9		14	元年（前528）	
13		昭王	芈轸（壬）	父 芈弃疾 母 孟嬴	516 489 7.16		28	元年（前515）	

14		惠王	芈章	父 芈珍 母 越女	489 432		58	元年 (前488)	
15		简王	芈中	父 芈章	432 408		25	元年 (前431)	
16		声王	芈当	父 芈中	408 402		7	元年 (前407)	被杀
17		悼王	芈疑	父 芈当	402 381		22	元年 (前401)	
18		肃王	芈臧	父 芈疑	381 370		12	元年 (前380)	
19		宣王	芈良夫	父 芈疑 兄 芈臧	370 340		31	元年 (前369)	
20		威王	芈商	父 芈良夫	340 329		12	元年 (前339)	
21		怀王	芈槐	父 芈商	329 299		31	元年 (前328)	前296年,卒
22		顷襄王	芈横	父 芈槐	299 264		36	元年 (前298)	
23		考烈王	芈完	父 芈横	264 238		27	元年 (前263)	
24		幽王	芈悍	父 芈完	238 228		11	元年 (前237)	
25		哀王	芈犹 (郝)	父 芈完 兄 芈悍	228.2 228.3		2月		被杀
26		楚王	芈负刍	父 芈完 弟 芈犹	228 223		6	元年 (前227)	

齐 （战国时代）

共5任君 5王 前359—前221 立国139年

建都：山东淄博 疆域：山东 亡于秦

任数	庙号	尊号	姓名	亲属	在位起讫公元前	即位去位年龄	在位年	年号	备注
		敬仲	陈完（田）	父 妫佗					前673年，奔齐
		成子	田恒（常）	父 田乞					
		襄子	田盘（塈）	父 田恒					
		庄子	田白（伯）	父 田盘					
①		太公	田和	父	413 388		26	元年（前412）	
②		废公	田剡	父 田和	388 378		11	元年（前387）	
③		桓公	田午	父 田剡	378 359	17 36	20	元年（前377）	
1		威王	田因齐	父 田午	359 320		40	元年（前358）	
2		宣王	田辟疆	父 田因齐	320 301		20	元年（前319）	
3		湣王（东帝）	田地	父 田辟疆	301 284		18	元年（前300）	被杀
4		襄王	田法章	父 田地	283 265		19	元年（前283）	
5		齐王	田建	父 田法章	265 221		45	元年（前264）	饿死

魏(梁) (战国时代)

共6任君 6王 前369—前225 立国145年

建都:山西夏县、河南开封 疆域:黄河中游 亡于秦

任数	庙号	尊号	姓名	亲属	在位起讫公元前	即位去位年龄	在位年	年号	备注
		毕公	毕高						
		桓子	魏驹						
①		文侯	魏斯	祖父 魏驹	446 397		50	元年 (前446)	
②		武侯	魏击	父 魏斯	397 371		27	元年 (前396)	
1		惠王	魏罃	父 魏击	369 319		51	元年 (前368) 后元元年 (前334)	
2		襄王	魏嗣	父 魏罃	319 296		24	元年 (前318)	
3		昭王	魏遫	父 魏嗣	296 277		20	元年 (前295)	
4		安釐王	魏圉	父 魏遫	277 243		35	元年 (前276)	
5		景湣王	魏增	父 魏圉	243 228		16	元年 (前242)	
6		魏王	魏假	父 魏增	228 225		4	元年 (前227)	被杀

韩 （战国时代）

共 5 任君　5 王　前 333—前 230　立国 104 年

建都:河南新郑　疆域:山西南部、河南中部　亡于秦

任数	庙号	尊号	姓名	亲属	在位起讫公元前	即位去位年龄	在位年	年号	备注
		献子	韩厥						居韩原
		康子	韩虎						居平阳
		武子	韩启章	父　韩虎	425 409		17		
①		景侯	韩虔	父　韩启章	409 400		10	元年 （前 408）	
②		烈侯	韩取	父　韩虔	400 387		14	元年 （前 399）	
③		文侯		父　韩取	387 377		11	元年 （前 386）	
④		哀侯		父　文侯	377 371		7	元年 （前 376）	前 375 年迁新郑，被杀
⑤		庄侯 （懿侯）	韩若山	父　哀侯	371 359		13	元年 （前 370）	
⑥		昭侯		父　韩若山	359 333		27	元年 （前 358）	
1		威侯 （宣惠王）		父　昭侯	333 312		22	元年 （前 332）	
2		襄王	韩仓	父　宣惠王	312 296		17	元年 （前 311）	

3		釐王	韩咎	父　韩仓	296 273		24	元年 (前295)	
4		桓惠王		父　韩咎	273 239		35	元年 (前272)	
5		韩王	韩安	父　桓惠王	239 230		10	元年 (前238)	

燕 （战国时代）

共8任君 8王 前333—前314 前312—前222 立国111年

建都：北京 疆域：河北北部、辽宁 亡于秦

任数	庙号	尊号	姓名	亲属	在位起讫公元前	即位去位年龄	在位年	年号	备注
九世祖		召公	姬奭	父 姬昌 兄 姬发	1122 1053		70	元年 （前1122）	原都召陵，后迁蓟
⑩		惠侯			865 827		39	元年 （前864）	
⑪		釐侯	姬庄	父 惠侯	827 791		37	元年 （前826）	
⑫		顷侯		父 姬庄	791 767		25	元年 （前790）	
⑬		哀侯		父 顷侯	767 765		3	元年 （前766）	
⑭		郑侯		父 哀侯	765 729		37	元年 （前764）	
⑮		穆侯·缪侯		父 郑侯	729 711		19	元年 （前728）	
⑯		宣侯		父 穆侯	711 698		14	元年 （前710）	
⑰		桓侯			698 691		8	元年 （前697）	
⑱		庄公		父 桓侯	691 658		34	元年 （前690）	
⑲		襄公			658 618		41	元年 （前657）	

⑳		桓公			618 602		17	元年 (前617)	
㉑		宣公			602 587		16	元年 (前601)	
㉒		昭公			587 574		14	元年 (前586)	
㉓		武公			574 555		20	元年 (前573)	
㉔		文公			555 549		7	元年 (前554)	
㉕		懿公			549 545		5	元年 (前548)	
㉖		简公	姬欵	父　懿公	545 539冬		7	元年 (前544)	被逐
㉗		悼公			535 529		7	元年 (前535)	
㉘		共公		父　悼公	529 524		6	元年 (前528)	
㉙		平公			524 505		20	元年 (前523)	
㉚		惠公			505 493		13	元年 (前504)	
㉛		献公		父　惠公	493 465		29	元年 (前492)	

㉜		孝公			465 450		16	元年 （前464）	
㉝		成公	姬载		450 434		17	元年 （前449）	
㉞		滑公			434 403		32	元年 （前433）	
㉟		釐公		父　滑公	403 373		31	元年 （前402）	
㊱		桓公		父　釐公	373 362		12	元年 （前372）	
㊲		文公		父　桓公	362 333		30	元年 （前361）	
1		易王		父　文公	333 321		13	元年 （前332）	
2		燕王	姬哙	父　易王	321 316		6	元年 （前320）	前314年，被杀
3		燕王	子之		316 314		3	元年 （前315）	被杀
国亡一年（前313年）									
4		昭王	姬平	父　姬哙	312 279		34	元年 （前312）	
5		惠王	姬乐资	父　姬平	279 272		8	元年 （前248）	
6		武成王		父　姬乐资	272 258		15	元年 （前271）	
7		孝王		父　武成王	258 255		4	元年 （前257）	
8		燕王	姬喜	父　孝王	255 222		34	元年 （前254）	

赵 (战国时代)

共6任君　6王　前326—前222　立国105年

建都:河北邯郸 疆域:河北中部、山西北部、河北中部南部　亡于秦

任数	庙号	尊号	姓名	亲属	在位起讫公元前	即位去位年龄	在位年	年号	备注
			造父						
		简子	赵鞅		476				
		襄子	赵无恤	父　赵鞅 兄　赵伯鲁	475 425		51		居耿
		献侯	赵浣	祖父　赵伯鲁 祖叔　赵无恤 父　赵周	425		数月		迁中牟,被逐迁代
		桓子	赵嘉	父　赵鞅 兄　赵无恤	425 424		2		
		(二)	赵浣		424 409		16		
①		烈侯	赵籍	父　赵浣	409 400		10	元年 (前408)	
②		武侯		父　赵浣 兄　赵籍	400 387		14	元年 (前399)	
③		敬侯	赵章	父　赵籍	387 375		13	元年 (前386)	都邯郸
④		成侯	赵种	父　赵章	375 350		26	元年 (前374)	
⑤		肃侯	赵语	父　赵种	350 326		25	元年 (前349)	

1		武灵王 ·主父	赵雍	父　赵语	326 299		28	元年 （前325）	前295 年,饿死
2		惠文王	赵何	父　赵雍 母　吴娃	299 266		34	元年 （前298）	
3		孝成王	赵丹	父　赵何	266 245		22	元年 （前265）	
4		悼襄王	赵偃	父　赵丹	245 236		10	元年 （前244）	
5		幽缪王	赵迁	父　赵偃	236 228.10		9	元年 （前235）	
6		代王	赵嘉	父　赵偃 弟　赵迁	228 222		7	元年 （前227）	

宋(桀宋)　(战国时代)

共1任君　1王　前329—前286　立国44年

建都:河南商丘　疆域:河南东部　亡于齐

任数	庙号	尊号	姓名	亲属	在位起讫公元前	即位去位年龄	在位年	年号	备注
①		微子	子启	父　子乙 兄　子辛	1112				
②		微仲	子衍	父　子乙 兄　子启					
③		宋公	子稽	父　子衍					
④		丁公	子申	父　子稽					
⑤		湣公	子共	父　子申					
⑥		炀公	子熙	父　子申 兄　子共					被杀
⑦		厉公	子鲋祀	父　子共 叔　子熙					
⑧		釐公	子举	父　子鲋祀	859 831		29	元年 (前858)	
⑨		惠公	子覸	父　子举	831 801		31	元年 (前830)	
⑩		哀公		父　子覸	801 800		2	元年 (前800)	
⑪		戴公		父　哀公	800 766		35	元年 (前799)	
⑫		武公	子司空	父　戴公	766 748		19	元年 (前765)	

⑬		宣公	子力	父　子司空	748 729		20	元年 （前747）	
⑭		穆公	子和	父　子司空 兄　子力	729 720 8.15		10	元年 （前728）	
⑮		殇公	子与夷	父　子力	720 710.1		11	元年 （前719）	被杀
⑯		庄公	子冯	父　子和	710 692 12.4		19	元年 （前709）	
⑰		闵公	子捷	父　子冯	692 682 8.10		11	元年 （前691）	被杀
⑱			子游		682.9 682.10		2月		被杀
⑲		桓公	子御说	父　子冯 兄　子捷	682.10 651 3.19		32	元年 （前681）	
⑳		襄公	子滋甫	父　子御说	651 637 5.25		15	元年 （前650）	
㉑		成公	子王臣	父　子滋甫	637 620.4		18	元年 （前636）	
㉒			子御	父　子滋甫 兄　子王臣	620.4 620.4		1月		被杀
㉓		昭公	子杵臼	父　子王臣	620 611 11.12		10	元年 （前619）	被杀
㉔		文公	子鲍	父　子王臣 兄　子杵臼	611 589 8.27		23	元年 （前610）	
㉕		共公	子瑕 （固）	父　子鲍	589 576		14	元年 （前588）	

㉖		平公	子成	父 子瑕	576 532 12.2		45	元年 (前575)	
㉗		元公	子佐	父 子成	532 517 11.13		16	元年 (前531)	
㉘		景公	子栾 (头曼)	父 子佐	517 469		49	元年 (前516)	
㉙			子启	曾祖父 子佐祖 父 子禚秦 父 子周	469		数月		被逐
㉚		昭公	子得	父 子周	469 404		66	元年 (前468)	
㉛		悼公	子购由	父 子得	404 396		9	元年 (前403)	
㉜		休公	子田	父 子购由	396 373		24	元年 (前395)	
㉝		辟公 ·桓公	子辟兵	父 子田	373 370		4	元年 (前372)	
㉞		宋公	子剔成	父 子辟兵	370 329		42	元年 (前369)	被逐
1		康王	宋偃	父 子辟兵 兄 子剔成	329 286		44	元年 (前328)	被杀

秦

共8任君　6王2帝　前338—前206　立国133年　（始为封国迄亡　前778—前206　立国573年）

建都:陕西咸阳　疆域:王时陕西、帝时全国　亡于西楚

任数	庙号	尊号	姓名	亲属	在位起讫公元前	即位去位年龄	在位年	年号	备注
			非子	父　大骆					(周·附庸国)原居犬丘,迁秦邑
		秦仲		曾祖父 非子	844 822		23		被杀
		庄公	嬴也	父　秦仲	822 778		45	元年 （前821）	
①		襄公		父　嬴也	778 766		13	元年 （前777）	前776年，迁汧邑
②		文公		父　襄公	766 716		51	元年 （前765）	前762年，迁郿邑
		竫公		父　文公					
③		宁公		父　竫公	716 704	10 22	13	元年 （前715）	前714年，迁平阳
④		出子		父　宁公 母　鲁姬子	704 698	5 11	7	元年 （前703）	被杀
⑤		武公		父　宁公 弟　出子	698 678		21	元年 （前697）	

⑥		德公		父　宁公 兄　武公	678 676	33 35	3	元年 (前677)	前677年，迁雍邑
⑦		宣公		父　德公	676 664		13	元年 (前675)	
⑧		成公		父　德公 兄　宣公	664 660		5	元年 (前663)	
⑨		穆公	嬴任好	父　德公 兄　成公	660 621		40	元年 (前659)	
⑩		康公	嬴蓥	父　嬴任好	621 609		13	元年 (前620)	
⑪		共公	嬴稻	父　嬴蓥	609 605		5	元年 (前608)	
⑫		桓公	嬴荣	父　嬴稻	605 577		29	元年 (前604)	
⑬		景公	嬴石	父　嬴荣	577 537.7		41	元年 (前576)	
⑭		哀公		父　嬴石	537 501		37	元年 (前536)	
		夷公		父　哀公					
⑮		惠公		父　夷公	501 492 10.13		10	元年 (前500)	
⑯		悼公		父　惠公	492 477		16	元年 (前491)	
⑰		厉公	嬴刺	父　悼公	477 443		35	元年 (前476)	
⑱		躁公		父　嬴刺	443 429		15	元年 (前442)	

⑲		怀公		父　嬴刺 兄　躁公	429 425		5	元年 （前428）	自杀
⑳		灵公	嬴肃	祖父　怀公 父　昭子	425 415		11	元年 （前424）	
㉑		简公	嬴悼子	父　怀公 兄　昭子	415 400		16	元年 （前414）	
㉒		惠公		父　嬴悼子	400 387		14	元年 （前399）	
㉓		出公		父　惠公	387 385	24	3	元年 （前389）	被杀
㉔		献公	嬴师隰	父　嬴肃	385 362		24	元年 （前384）	前383年，迁栎阳
㉕		孝公	嬴渠梁	父　嬴师隰	362 338	21 45	25	元年 （前361）	前350年，迁咸阳
1		惠王	嬴驷	父　嬴渠梁	338 311	19 46	28	元年 （前337） 元年 （前324）	
2		武王	嬴荡	父　嬴驷	311 307	19 23	5	元年 （前310）	举鼎脉绝而死
3		昭襄王·西帝	嬴稷	父　嬴驷 兄　嬴荡	307 251	19 75	57	元年 （前306）	
4		孝文王	嬴柱	父　嬴稷	251 250	53 54	2	元年 （前250）	

5		庄襄王	嬴异人 (楚)	父　嬴柱 母　夏姬	250 247	32 35	4	元年 (前 249)	
一		始皇帝	嬴政	父　嬴异人 母　赵姬	247 210	13 50	38	元年 (前 246)	
二		二世 皇帝	嬴胡亥	父　嬴政 母　胡姬	210 207.9	21 24	4	元年 (前 209)	被杀
三		秦王	嬴婴	祖父　嬴政 叔父 嬴胡亥 父 嬴扶苏	207.9 206.10		46 天	元年 (前 206)	被杀

楚(西楚)

共1任君　1王　前206—前202　立国5年

建都:江苏徐州　疆域:全国　亡于西汉

任数	庙号	尊号	姓名	亲属	在位起讫公元前	即位去位年龄	在位年	年号	备注
1		霸王	项羽	祖父　项燕 叔父　项梁	206.2 202.12	27 31	5	元年 (前206)	自杀

汉(西汉)

共15任君　15帝　前206—后9　立国215年

建都:陕西西安　疆域:全国　亡于新

任数	庙号	尊号	姓名	亲属	在位起讫公元前	即位去位年龄	在位年	年号	备注
		太上皇	刘执嘉						秦·农夫
1	高祖	高皇帝	刘邦	父　刘执嘉 母　王含始	206.2 195.4	51 62	12	元年(前206)	
2		孝惠皇帝	刘盈	父　刘邦 母　吕雉	195.4 188.8	16 23	8	元年(前194)	
3		前少帝	刘恭	父　刘盈	188.9 184.4		5	元年(前187)	被杀
4		后少帝	刘弘(义)	父　刘盈	184.5 180.9		5		被杀
5	太宗	孝文皇帝	刘恒	父　刘邦 母　薄氏	180.9 157.6	23 46	24	前元(前179) 后元(前163)	
6		孝景皇帝	刘启	父　刘恒 母　窦氏	157.6 141.1	32 48	17	前元(前156) 中元(前149) 后元(前143)	
7	世宗	孝武皇帝	刘彻	父　刘启 母　王氏	141.1 87.2	16 70	55	建元(前140) 元光(前134) 元朔(前128) 元狩(前122) 元鼎(前116) 元封(前110) 太初(前104) 天汉(前100) 太始(前96) 征和(前92) 后元(前88)	

8		孝昭皇帝	刘弗陵	父 刘彻 母 赵钩弋	87.2 74.4	8 21	14	始元(前86) 元凤(前80) 元平(前74)	
9		废帝·昌邑王·海昏侯	刘贺	祖父 刘彻 父 刘髆	74.6 74.6	18 18	27天		被废
10	中宗	孝宣皇帝	刘病已 (询)	曾祖父 刘彻 祖父 刘据 父 刘进	74.7 49.12	18 43	26	本始(前73) 地节(前69) 元康(前65) 神爵(前61) 五凤(前57) 甘露(前53) 黄龙(前49)	
11	高宗	孝元皇帝	刘奭	父 刘病已 母 许平君	49.12 33.5	27 43	17	初元(前48) 永光(前43) 建昭(前38) 竟宁(前33)	
12	统宗	孝成皇帝	刘骜	父 刘奭 母 王政君	33.6 7.3	20 46	27	建始(前32) 河平(前28) 阳朔(前24) 鸿嘉(前20) 永始(前16) 元延(前12) 绥和(前8)	
13		孝哀皇帝	刘欣	祖父 刘奭 祖母 傅氏 母 丁氏	7.4 1.6	20 26	7	建平(前6) 太初(前5) 元寿(前2)	
14	元宗	孝平皇帝	刘箕子 (衎)	祖父 刘奭 祖母 冯媛 母 卫氏	前1.9 后5.12	9 14	6	元始(一) (公元后)	毒死
15		少帝·孺子	刘婴	四世祖 刘病已 父 刘显	后6.3 后8.11	2 5	3	居摄(6) 初始(8)	被杀,年21

新

共1任君　1帝　9—23　立国15年

建都:陕西西安　疆域:全国　亡于玄汉

任数	庙号	尊号	姓名	亲属	在位起讫	即位去位年龄	在位年	年号	备注
1			王莽	姑　王政君 父　王曼	9.1 23.10	54 68	15	始建国(9) 天凤(14) 地皇(20)	被杀

汉(玄汉)

共1任君　1帝　23—25　立国3年

建都:陕西西安　疆域:全国　亡于赤眉

任数	庙号	尊号	姓名	亲属	在位起讫	即位去位年龄	在位年	年号	备注
1		淮阳王	刘玄	父　刘子张 母　何氏	23.2 25.10		3	更始(23)	被杀

成家

共 1 任君　1 帝　25—36　立国 12 年

建都:四川成都　疆域:四川　亡于东汉

任数	庙号	尊号	姓名	亲属	在位起讫	即位去位年龄	在位年	年号	备注
1			公孙述	父　公孙仁	25.4 36.11		12	龙兴(25)	被杀

汉(东汉)

共14任君　14帝　25—220　立国196年

建都:河南洛阳　疆域:全国　亡于曹魏

任数	庙号	尊号	姓名	亲属	在位起讫	即位去位年龄	在位年	年号	备注
			刘发						西汉·长沙定王
1	世祖	光武皇帝	刘秀	父　刘钦 母　樊娴都	25.6 57.2	30 62	33	建武(25) 中元(56)	
2	显宗	孝明皇帝	刘庄(阳)	父　刘秀 母　阴丽华	57.2 75.8	30 48	19	永平(58)	
3	肃宗	孝章皇帝	刘炟	父　刘庄 母　贾氏	75.8 88.1	18 31	14	建初(76) 元和(84) 章和(87)	
4	穆宗	孝和皇帝	刘肇	父　刘炟 母　梁氏	88.1 105.12	10 27	18	永元(89) 元兴(105)	
5		孝殇皇帝	刘隆	父　刘肇	105.12 106.8	3月 1	9月	延平(106)	
		孝德皇	刘庆	父　刘炟 母　宋氏					清河孝王
6	恭宗	孝安皇帝	刘祜	父　刘庆 母　左小娥	106.8 125.3	13 32	20	永初(107) 元初(114) 永宁(120) 建光(121) 延光(122)	

7		北乡侯·少帝	刘懿	祖父 刘炟 父 刘寿	125.3 125.10		8月		
8	敬宗	孝顺皇帝	刘保	父 刘祜 母 李氏	125.10 144.8	11 30	20	永建(126) 阳嘉(132) 永和(136) 汉安(142) 建康(144)	
9		孝冲皇帝	刘炳	父 刘保 母 虞氏	144.8 145.1	2 3	6月	永嘉(145)	
10		孝质皇帝	刘缵	高祖父 刘炟 父 刘鸿 母 陈氏	145.1 146.6	8 9	2	本初(146)	毒死
		孝穆皇	刘开	父 刘炟					河间孝王
		孝崇皇	刘翼	父 刘开					蠡吾侯
11	威宗	孝桓皇帝	刘志	父 刘翼 母 匽明	146.6 167.12	15 36	22	建和(147) 和平(150) 元嘉(151) 永兴(153) 永寿(155) 延熹(158) 永康(167)	
		孝元皇	刘淑	父 刘开					解渎亭侯
		孝仁皇	刘苌	父 刘淑					解渎亭侯

12		孝灵皇帝	刘宏	父 刘苌 母 董氏	168.1 189.4	13 34	22	建宁(168) 熹平(172) 光和(178) 中平(184)	
13		少帝·弘农王	刘辩	父 刘宏 母 何氏	189.4 189.9	14 14	6月	光熹(189) 昭宁(189)	190年,毒死,年15
14		孝献皇帝	刘协	父 刘宏 母 王氏 妻 伏寿	189.9 220.10	9 41	32	永汉(189) 中平六年(189) 初平(190) 兴平(194) 建安(196) 延康(220)	234年,卒,年55

魏(曹魏) (三国时代)

共5任君 5帝 220—265 立国46年

建都:河南洛阳 疆域:华北 亡于晋

任数	庙号	尊号	姓名	亲属	在位起讫	即位去位年龄	在位年	年号	备注
		太皇帝	曹嵩	父 曹腾					东汉·太尉
	太祖	武皇帝	曹操	父 曹嵩					东汉·丞相·魏王
1	世祖	文皇帝	曹丕	父 曹操 母 卞氏	220.10 226.5	34 40	7	黄初(220)	
2	烈祖	明皇帝	曹叡	父 曹丕 母 甄洛	226.5 239.1	23 36	14	太和(227) 青龙(233) 景初(237)	
3		邵陵厉公·齐王	曹芳	曾祖父 曹操 祖父 曹彰 父 曹楷	239.1 254.9	8 23	16	正始(240) 嘉平(249)	被废 274年卒,年43
4		高贵乡公	曹髦	祖父 曹丕 父 曹霖	254.10 260.4	14 20	7	正元(254) 甘露(256)	被杀
5		常道乡公·陈留王元皇帝	曹奂	祖父 曹操 父 曹宇	260.5 265.12	15 20	6	景元(260) 咸熙(264)	302年,卒,年58

汉(蜀汉) (三国时代)

共2任君 2帝 221—263 立国43年

建都:四川成都 疆域:四川、云南 亡于曹魏

任数	庙号	尊号	姓名	亲属	在位起讫	即位去位年龄	在位年	年号	备注
1		昭烈皇帝	刘备(玄德)	父 刘弘	221.4 223.4	61 63	3	章武(221)	
2		后主·孝怀皇帝	刘禅	父 刘备 母 甘氏	223.4 263.11	17 57	41	建兴(223) 延熙(238) 景耀(258) 炎兴(263)	271年,卒,年65

吴(东吴) (三国时代)

共4任君 4帝 222—280 立国59年

建都:江苏南京 疆域:华南 亡于晋

任数	庙号	尊号	姓名	亲属	在位起讫	即位去位年龄	在位年	年号	备注
	始祖	武烈皇帝	孙坚						东汉·破虏将军
		长沙桓王	孙策	父 孙坚					东汉·讨逆将军
1	太祖	大皇帝	孙权	父 孙坚 母 吴氏 兄 孙策	222.10 252.4	41 71	31	黄武(222) 黄龙(229) 嘉禾(232) 赤乌(238) 太元(251) 神凤(252)	
2		候官侯·会稽王	孙亮	父 孙权 母 潘氏	252.4 258.9	10 16	7	建兴(252) 五凤(254) 太平(256)	被废,260年,卒,年18
3		景皇帝	孙休	父 孙权 母 王氏	258.9 264.7	25 31	7	永安(258)	
		文皇帝	孙和	父 孙权 母 王氏					
4		乌程侯·归命侯	孙皓	父 孙和 母 何氏	264.7 280.2	23 39	17	元兴(264) 甘露(265) 宝鼎(266) 建衡(269) 凤凰(272) 天册(275) 天玺(276) 天纪(277)	283年,卒,年42

晋

共17任君　16帝　265—420　立国156年

建都：河南洛阳、江苏南京　疆域：西晋全国、东晋华南　亡于南宋

任数	庙号	尊号	姓名	亲属	在位起讫	即位去位年龄	在位年	年号	备注
	高祖	宣皇帝	司马懿	父　司马防					曹魏·太傅
	世宗	景皇帝	司马师	父　司马懿 母　张春华					曹魏·大将军
	太祖	文皇帝	司马昭	父　司马懿 母　张春华					曹魏·大将军·晋王
1	西晋世祖	武皇帝	司马炎	父　司马昭 母　王元姬	265.12 290.4	30 55	26	泰始(265) 咸宁(275) 太康(280) 太熙(290)	
2		孝惠皇帝	司马衷	父　司马炎 母　杨艳	290.4 301.1	32 43	12	永熙(290) 永平(291) 元康(291) 永康(300)	被废
3		赵王	司马伦	父　司马懿 母　柏氏	301.1 301.4	4月		建始(301)	毒死
4		(二)	司马衷		301.4 306.11	43 48	6	永宁(301) 太安(302) 永安(304) 建武(304) 永兴(304) 光熙(306)	毒死

5		孝怀皇帝	司马炽	父 司马炎 母 王媛姬 兄 司马衷	306.11 311.6	23 28	6	永嘉(307)	313年,被杀,年30
6		孝愍皇帝	司马邺	祖父 司马炎 父 司马晏	313.4 316.11	14 17	4	建兴(313)	317年,被杀,年18
7	东晋中宗	元皇帝	司马睿	曾祖父 司马懿 父 司马觐 母 夏侯光姬	317.3 322.11	42 47	6	建武(317) 太兴(318) 永昌(322)	
8	肃祖	明皇帝	司马绍	父 司马睿 母 荀氏	322.11 325闰7	24 27	4	太宁(323)	
9	显宗	成皇帝	司马衍	父 司马绍 母 庾文君	325闰7 342.6	5 22	18	咸和(326) 咸康(335)	
10		康皇帝	司马岳	父 司马绍 母 庾文君 兄 司马衍	342.6 344.9	21 23	3	建元(343)	
11	孝宗	穆皇帝	司马聃	父 司马岳 母 褚蒜子	344.9 361.5	2 19	18	永和(345) 升平(357)	
12		哀皇帝	司马丕	父 司马衍 母 周氏	361.5 365.2	21 25	5	隆和(362) 兴宁(363)	
13		海西公·废帝	司马奕	父 司马衍 母 周氏 兄 司马丕	365.2 371.11	24 30	7	太和(366)	被废,386年,卒,年45

14		简文皇帝	司马昱	父 司马睿 母 郑阿春	371.11 372.7	52 53	2	咸安(371)	
15	烈宗	孝武皇帝	司马曜 (昌明)	父 司马昱 母 李陵容	372.7 396.9	11 35	25	宁康(373) 太元(376)	被杀
16		安皇帝	司马德宗	父 司马曜 母 陈归女	396.9 418.12	15 37	23	隆安(397) 元兴(402) 大亨(402) 义熙(405)	被杀
17		恭皇帝	司马德文	父 司马曜 母 陈归女 兄 司马德宗	418.12 420.6	33 35	3	元熙(419)	421年，被杀，年36

成汉 (五胡乱华十九国)

共5任君 5帝 304—347 立国44年

建都:四川成都 疆域:四川 亡于晋

任数	庙号	尊号	姓名	亲属	在位起讫	即位去位年龄	在位年	年号	备注
	始祖	景皇帝	李特	父 李慕				建初(303)	
1	太宗	武皇帝	李雄	父 李特 母 罗氏	304.10 334.6	31 61	31	建兴(304) 晏平(306) 玉衡(311)	
2		哀皇帝	李班	父 李荡 叔父 李雄	334.6 334.10	47 47	5月		被杀
3		幽公·隐皇帝	李期	父 李雄	334.10 338.4	22 26	5	玉恒(335)	自缢
		献皇帝	李骧	父 李慕 兄 李特					
4	中宗	昭文皇帝	李寿	伯父 李特 父 李骧 母 昝氏	338.4 343.7	39 44	6	汉兴(338)	
5		末主·归义侯	李势	父 李寿 母 李氏	343.7 347.3		5	太和(344) 嘉宁(346)	361年,卒

汉赵(前赵) (五胡乱华十九国)

共5任君 5帝 304—329 立国26年

建都:山西临汾 疆域:华北 亡于后赵

任数	庙号	尊号	姓名	亲属	在位起讫	即位去位年龄	在位年	年号	备注
1	高祖	光文皇帝	刘渊（元海）	祖父 栾提于扶罗 父 刘豹 母 呼延氏	304.11 310.7		7	元熙(304) 永凤(308) 河瑞(309)	
2		梁王	刘和	父 刘渊 母 呼延氏	310.7 310.7		7天		被杀
3	烈宗	昭武皇帝	刘聪	父 刘渊 母 张氏	310.7 318.7		9	光兴(310) 嘉平(311) 建元(315) 麟嘉(316)	
4		隐皇帝	刘粲	父 刘聪	318.7 318.8		2月	汉昌(318)	被杀
		景皇帝	刘亮						
		献皇帝	刘广	父 刘亮					
		懿皇帝	刘防	父 刘广					
		宣武皇帝	刘绿	父 刘防					
5			刘曜	族伯 刘渊 父 刘绿 母 胡氏	318.10 328.12	15 26	11	光初(318)	被杀 329年,国始亡

赵(后赵) (五胡乱华十九国)

共7任君 7帝 319—351 立国33年

建都:河北邢台 疆域:华北 亡于冉魏

任数	庙号	尊号	姓名	亲属	在位起讫	即位去位年龄	在位年	年号	备注
		宣皇帝	石邪						晋·民
	世宗	元皇帝	石周(周曷朱)	父 石邪					晋·民
1	高祖	明皇帝	石勒(世龙)	父 石周 母 王氏	319.11 333.7	46 60	15	赵王元年(319) 太和(328) 建平(330)	
2		海阳王	石弘(大雅)	父 石勒 母 程氏	333.7 334.11	21 22	2	延熙(334)	被杀
	太宗	孝皇帝	石寇觅	父 石訇邪					
3	太祖	武皇帝	石虎(季龙)	父 石寇觅	334.11 349.4	40 55	16	建武(335) 太宁(349)	
4		谯王	石世	父 石虎 母 刘氏	349.4 349.5	11 11	33天		被杀
5		彭城王	石遵	父 石虎 母 郑樱桃	349.5 349.11		183天		被杀
6		义阳王	石鉴	父 石虎	349.11 350.2		103天	青龙(350)	被杀
7		赵王	石祇	父 石虎	350.3 351.4		2	永宁(350)	被杀

魏(冉魏)　(五胡乱华十九国)

共1任君　1帝　350—352　立国3年

建都:河北临漳　疆域:河北南部　亡于前燕

任数	庙号	尊号	姓名	亲属	在位起讫	即位去位年龄	在位年	年号	备注
		元皇帝	冉隆						晋·民
	烈祖	高皇帝	冉瞻 (石闵)	父　冉隆					汉赵·左积射将军·西华侯
1		悼武天王	冉闵 (石闵) (棘奴)	父　冉瞻 母　王氏 养父　石虎	350.2 352.8		3	永兴 (350)	被杀

秦(前秦) (五胡乱华十九国)

共6任君 6帝 351—394 立国44年

建都:陕西西安 疆域:华北及四川 亡于西秦

任数	庙号	尊号	姓名	亲属	在位起讫	即位去位年龄	在位年	年号	备注
	太祖	惠武皇帝	苻洪	父 蒲怀归					后赵·龙骧将军·西平郡公
1	高祖	景明皇帝	苻健	父 苻洪 母 姜氏	351.1 355.6	35 39	5	皇始(351)	
2		厉王	苻生	父 苻健 母 强氏	355.6 357.6	21 23	3	寿光(355)	被杀
		文桓皇帝	苻雄	父 苻洪 兄 苻健					
3	世祖	宣昭皇帝	苻坚	父 苻雄 母 苟氏	357.6 385.8	20 48	29	永兴(357) 甘露(359) 建元(365)	被杀
4		哀平皇帝	苻丕	父 苻坚	385.8 386.9		2	太安(385)	战死
5	太宗	高皇帝	苻登	父 苻敞	386.11 394.7	44 52	9	太初(386)	战死
6			苻崇	父 苻登	394.7 394.10		4月	延初(379)	战死

秦（后秦）（五胡乱华十九国）

共3任君 3帝 384—417 立国34年

建都：陕西西安 疆域：陕西、甘肃 亡于晋

任数	庙号	尊号	姓名	亲属	在位起讫	即位去位年龄	在位年	年号	备注
	始祖	景元皇帝	姚弋仲	父 柯迴					后赵·冠军大将军
		魏武王	姚襄	父 姚弋仲					晋·平北将军·即丘县公
1	太祖	武昭皇帝	姚苌	父 姚弋仲 兄 姚襄	384.4 393.12	55 64	10	白雀（384） 建初（386）	
2	高祖	文桓皇帝	姚兴	父 姚苌	394.5 416.2	29 51	23	皇初（394） 弘始（399）	
3			姚泓	父 姚兴	416.3 417.7	29 30	2	永和（416）	被杀

秦(西秦) (五胡乱华十九国)

共4任君 4王 385—400 409—431 立国39年

建都:甘肃兰州 疆域:甘肃南部 亡于胡夏

任数	庙号	尊号	姓名	亲属	在位起讫	即位去位年龄	在位年	年号	备注
1	烈祖	宣烈王	乞伏国仁	祖父 乞伏傉大寒 父 乞伏司繁	385.9 388.6		4	建义(385)	
2	高祖	武元王	乞伏乾归	父 乞伏司繁 兄 乞伏国仁	388.6 400.7		13	太初(388)	降后秦
国亡八年(401—408)									
			乞伏乾归		409.7 412.6		4	更始(409)	被杀
3	太祖	文昭王	乞伏炽磐	父 乞伏乾归 母 边氏	412.8 428.5		17	永康(412) 建弘(420)	
4			乞伏暮末	父 乞伏炽磐	428.5 431.1		4	永弘(428)	被杀

燕(前燕) (五胡乱华十九国)

共3任君 1王2帝 337—370 立国34年

建都:河北临漳 疆域:华北 亡于前秦

任数	庙号	尊号	姓名	亲属	在位起讫	即位去位年龄	在位年	年号	备注
	高祖	武宣皇帝	慕容廆	父 慕容涉归					晋·辽东郡公
1	太祖	文明王·文明皇帝	慕容皝	父 慕容廆 母 段氏	337.10 348.8	41 52	12	燕王元年(334)	
2	烈祖	景昭皇帝	慕容儁	父 慕容皝 母 段氏	348.8 360.1	30 42	13	燕王元年(349) 元玺(352) 光寿(357)	
3		幽皇帝	慕容暐	父 慕容儁 母 可足浑氏	360.1 370.11	11 21	11	建熙(360)	384年,被杀,年35

燕(后燕) (五胡乱华十九国)

共4任君　4帝　384—407　立国24年

建都:河北定州　疆域:华北　亡于北燕

任数	庙号	尊号	姓名	亲属	在位起讫	即位去位年龄	在位年	年号	备注
1	世祖	武成皇帝	慕容垂	父　慕容皝 母　兰氏	384.1 396.4	59 71	13	燕王元年(384) 建兴(386)	
2	烈宗	惠愍皇帝	慕容宝	父　慕容垂 母　段氏	396.4 398.4	42 44	3	永康(396)	被杀
3	中宗	昭武皇帝	慕容盛	父　慕容宝 母　丁氏	398.7 401.8	26 29	4	建平(398) 长乐(399)	被杀
4		昭文皇帝	慕容熙	父　慕容垂	401.8 407.7	17 23	7	光始(401) 建始(407)	被杀

燕(西燕) (五胡乱华十九国)

共7任君 3王4帝 384—394 立国11年

建都:山西长子 疆域:山西 亡于后燕

任数	庙号	尊号	姓名	亲属	在位起讫	即位去位年龄	在位年	年号	备注
1		济北王	慕容泓	父 慕容儁 兄 慕容暐	384.3 384.6		4月	燕兴(384)	被杀
2		威皇帝	慕容冲	父 慕容儁 兄 慕容暐	384.6 386.2	26 28	3	更始(385)	被杀
3		燕王	段随		386.2 386.3		2月	昌平(386)	被杀
4		燕王	慕容顗	祖父 慕容皝 伯父 慕容儁 父 慕容桓	386.3 386.3		数天	建明(386)	被杀
5			慕容瑶(望)	父 慕容冲	386.3 386.3		数天	建平(386)	被杀
6			慕容忠	父 慕容泓	386.3 386.6		4月	建武(386)	被杀
7			慕容永	祖伯父 慕容廆 祖父 慕容运 族兄 慕容儁	386.9 394.8		9	中兴(386)	被杀

燕(南燕) (五胡乱华十九国)

共2任君 2帝 398—410 立国13年

建都:山东青州 疆域:山东 亡于晋

任数	庙号	尊号	姓名	亲属	在位起讫	即位去位年龄	在位年	年号	备注
1	世宗	献武皇帝	慕容德	父 慕容皝 兄 慕容垂 母 公孙氏	398.1 405.7	63 70	8	燕王元年(398) 建平(400)	
		穆皇帝	慕容纳	父 慕容皝 弟 慕容德 母 公孙氏					
2			慕容超	父 慕容纳 母 段氏	405.7 410.2	21 26	6	太上(405)	被杀

燕(北燕) (五胡乱华十九国)

共3任君 3帝 407—436 立国30年

建都:辽宁朝阳 疆域:辽宁西部 亡于北魏

任数	庙号	尊号	姓名	亲属	在位起讫	即位去位年龄	在位年	年号	备注
1		惠懿皇帝	高云(慕容云)	义父 慕容宝 父 高拔	407.7 409.10		3	正始(407)	被杀
		元皇帝	冯和						晋·农夫
		宣皇帝	冯安	父 冯和					西燕·将军
2	太祖	文成皇帝	冯跋(文起)	父 冯安 母 张氏	409.10 430.9		22	太平(409)	惊死
3		昭成皇帝	冯弘(文通)	父 冯安 兄 冯跋	430.9 436.5		7	大兴(431)	438年,被杀

蜀(西蜀) (五胡乱华十九国)

共 1 任君 1 王 405—413 立国 9 年

建都:四川成都 疆域:四川 亡于晋

任数	庙号	尊号	姓名	亲属	在位起讫	即位去位年龄	在位年	年号	备注
1		蜀王	谯纵	祖父 谯献之	405.2 413.7		9	蜀王元年(405) 弘始 11 年(409)	被杀

凉（前凉）　（五胡乱华十九国）

共7任君　7王　320—376　立国57年

建都：甘肃武威　疆域：甘肃、青海、东北部　亡于前秦

任数	庙号	尊号	姓名	亲属	在位起讫	即位去位年龄	在位年	年号	备注
	太祖	武王	张轨	父　张温 母　辛氏	301 314.5	47 60	14		晋·凉州刺史·安乐乡侯
被杀	高祖	明王	张寔	父　张轨	314.5 320.5	44 50	7		晋·凉州刺史·西平公被杀
1	太宗	成王	张茂	父　张轨 兄　张寔	320.5 324.5	44 48	5	永元（320）	
2	世祖	文王	张骏	父　张寔	324.5 346.5	18 40	23	太元（324）	
3	世宗	桓王	张重华	父　张骏 母　马氏	346.5 353.11	20 27	8	永乐（346）	
4		哀王	张曜灵	父　张重华	353.11 353.12	10 10	2月		355年，被杀，年12
5		威王	张祚	父　张骏 弟　张重华	354.1 355.9		2	和平（354）	被杀
6		冲王	张玄靓	父　张重华 母　郭氏	355.9 363.8	7 15	9	太始（355）	被杀
7		悼公	张天锡	父　张骏 母　刘氏	363.8 376 8.27	18 31	14	太清（363）	406年，卒，年61

凉(后凉) (五胡乱华十九国)

共4任君 4帝 386—403 立国18年

建都:甘肃武威 疆域:甘肃 亡于后秦

任数	庙号	尊号	姓名	亲属	在位起讫	即位去位年龄	在位年	年号	备注
		景昭皇帝	吕婆楼						前秦·太尉
1	太祖	懿武皇帝	吕光	父 吕婆楼	386.9 399.12	50 63	14	太安(386) 麟嘉(389) 龙飞(396)	
2		隐王	吕绍	父 吕光 母 石氏	399.12 399.12		5天		被杀
3		灵皇帝	吕纂	父 吕光 母 赵氏	399.12 401.2		3	咸宁(399)	被杀
		文皇帝	吕宝	父 吕婆楼 兄 吕光					
4		建康公	吕隆	父 吕宝 母 卫氏	401.2 403.8		3	神鼎(401)	416年,被杀

凉（南凉） （五胡乱华十九国）

共3任君　3王　397—414　立国18年

建都：青海乐都　疆域：甘肃西南部、青海东北部　亡于西秦

任数	庙号	尊号	姓名	亲属	在位起讫	即位去位年龄	在位年	年号	备注
1	烈祖	武王	秃发乌孤	祖父　秃发推斤 父　秃发思复鞬	397.1 399.8		3	太初(397)	
2		康王	秃发利鹿孤	父　秃发思复鞬 兄　秃发乌孤	399.8 402.3		4	建和(400)	
3		景王	秃发傉檀	父　秃发思复鞬 兄　秃发利鹿孤	402.3 414.7	38 50	13	弘昌(402) 嘉平(408)	415年，毒死，年51

凉(北凉) (五胡乱华十九国)

共3任君 3王 397—439 立国43年

建都:甘肃武威 疆域:甘肃中部西部、青海东北部 亡于北魏

任数	庙号	尊号	姓名	亲属	在位起讫	即位去位年龄	在位年	年号	备注
1		凉王	段业		397.5 401.5		5	神玺(397) 天玺(399)	被杀
2	太祖	武宣王	沮渠蒙逊	父 沮渠法弘 母 车氏	401.6 433.4	34 66	33	永安(401) 玄始(412) 承玄(428) 义和(431)	
3		哀王	沮渠茂虔(牧健)	父 沮渠蒙逊	433.4 439.9		7	永和(433)	447年,被杀

凉(西凉) (五胡乱华十九国)

共3任君 3王 400—421 立国22年

建都:甘肃酒泉 疆域:甘肃西部 亡于北凉

任数	庙号	尊号	姓名	亲属	在位起讫	即位去位年龄	在位年	年号	备注
		景王	李弇						前凉·武卫将军
		简王	李昶	父 李弇					
1	太祖	武昭王	李暠	父 李昶	400.11 417.2	50 67	18	庚子(400) 建初(405)	
2		后主	李歆	父 李暠 母 尹氏	417.2 420.7		4	嘉兴(417)	战死
3			李恂	父 李暠	420.9 421.3		8月	永建(420)	自杀

夏(胡夏) (五胡乱华十九国)

共3任君 3帝 407—731 立国25年

建都:陕西靖边北 疆域:陕西 亡于吐谷浑

任数	庙号	尊号	姓名	亲属	在位起讫	即位去位年龄	在位年	年号	备注
		元皇帝	刘训儿						
		景皇帝	刘武	父 刘训儿					汉赵·安北将军·楼烦公
		宣皇帝	刘豹子	父 刘武					后赵·平北将军·左贤王
	太祖	桓皇帝	刘卫辰	父 刘豹子					前秦·西单于
1	世祖	武烈皇帝	赫连勃勃(刘勃勃)(屈孑)	父 刘卫辰 母 苻氏	407.6 425.8	27 45	19	龙升(407) 凤翔(413) 昌武(418) 真兴(419)	
2		昌奉王	赫连昌	父 赫连勃勃	425.8 428.2		4	承光(425)	434年,被杀
3		平原王	赫连定	父 赫连勃勃	428.2 431.6		4	胜光(428)	432年,被杀

宋(南宋) (南北朝)

共9任君 9帝 420—479 立国60年

建都:江苏南京 疆域:华南 亡于南齐

任数	庙号	尊号	姓名	亲属	在位起讫	即位去位年龄	在位年	年号	备注
		孝穆皇帝	刘翘	父 刘靖					晋·郡功曹
1	高祖	武皇帝	刘裕(寄奴)	父 刘翘 母 赵安宗	420.6 422.5	58 60	3	永初(420)	
2		少帝·营阳王	刘义符	父 刘裕 母 张氏	422.5 424.5	17 19	3	景平(423)	被杀
3	中宗 太祖	景皇帝·文皇帝	刘义隆	父 刘裕 母 胡道安 兄 刘义符	424.8 453.2	18 47	30	元嘉(424)	被杀
4		元凶	刘劭	父 刘义隆 母 袁齐妫	453.2 453.5	28 28	4月	太初(453)	被杀
5	世祖	孝武皇帝	刘骏	父 刘义隆 母 路惠男 兄 刘劭	453.4 464.5	24 35	12	孝建(454) 大明(457)	
6		前废帝	刘子业	父 刘骏 母 王宪嫄	464.5 465.10	16 17	2	永光(465) 景和(465)	被杀
7	太宗	明皇帝	刘彧	父 刘义隆 母 沈容姬	465.10 472.4	27 34	8	泰始(465) 泰豫(472)	
8		后废帝·苍梧王	刘昱	父 刘彧 母 陈妙登	472.4 477.6	10 15	6	元徽(473)	被杀
9		顺皇帝	刘准	祖父 刘义隆 父 刘彧 义母 陈法容	477.6 479.4	11 13	3	升明(477)	被杀

齐(南齐) (南北朝)

共7任君 7帝 479—502 立国24年

建都:江苏南京 疆域:华南 亡于南梁

任数	庙号	尊号	姓名	亲属	在位起讫	即位去位年龄	在位年	年号	备注
		宣皇帝	萧承之	父 萧乐子					南宋·汉中太守
1	太祖	高皇帝	萧道成	父 萧承之 母 陈道正	479.4 482.3	53 56	4	建元(479)	
2	世祖	武皇帝	萧赜	父 萧道成 母 刘智容	482.3 493.7	43 54	12	永明(483)	
	世宗	文皇帝	萧长懋	父 萧赜					文惠太子
3		郁林王	萧昭业	父 萧长懋 母 王宝明	493.7 494.7	21 22	2	隆昌(494)	被杀
4		海陵王	萧昭文	父 萧长懋	494.7 494.10	15 15	4月	延兴(494)	被杀
		景皇	萧道生	父 萧承之					始安贞王
5	高宗	明皇帝	萧鸾	伯父 萧道成 父 萧道生	494.10 498.7	43 47	5	建武(494) 永泰(498)	
6		东昏侯	萧宝卷	父 萧鸾	498.7 501.12	16 19	4	永元(499)	被杀
7		和皇帝	萧宝融	父 萧鸾	501.3 502.4	14 15	2	中兴(501)	被杀

梁（南梁）　（南北朝）

共9任君　9帝　502—587　立国86年

建都：江苏南京、湖北江陵　疆域：南梁华南、西梁湖北中部　亡于隋

任数	庙号	尊号	姓名	亲属	在位起讫	即位去位年龄	在位年	年号	备注
	太祖	文皇帝	萧顺之	父　萧道赐					南齐·临湘侯·丹阳尹
1	高祖	武皇帝	萧衍	父　萧顺之 母　张尚柔	502.4 549.5	39 86	48	天监（502） 普通（520） 大通（527） 中大通（529） 大同（535） 中大同（546） 太清（547）	饿死
2	太宗	简文皇帝	萧纲	父　萧衍 母　丁令光	549.5 551.8	47 49	3	大宝（550）	被杀
	高宗	昭明皇帝	萧统	父　萧衍 母　丁令光					昭明太子
		安皇帝	萧欢	父　萧统 母　蔡氏					豫章王
3		豫章王	萧栋	父　萧欢 母　王氏	551.8 551.11		4月	天正（551）	552年，被杀
4	世祖	元皇帝	萧绎	父　萧衍 母　阮令嬴	552.11 554.11	45 47	3	承圣（552）	被杀

5		贞阳侯·闵皇帝	萧渊明	父 萧懿 叔 萧衍	555.5 555.9		5 月	天成(555)	556年,死
6		敬皇帝	萧方智	父 萧绎 母 夏氏	555.10 557.10	13 15	3	绍泰(555) 太平(556)	558年,被杀,年16
7	西梁中宗	宣皇帝	萧詧	父 萧统 母 龚氏	555.1 562.2	37 44	8	大定(555)	
8	世宗	孝明皇帝	萧岿	父 萧詧 母 曹氏	562.2 585.5	21 44	24	天保(562)	
9		孝靖皇帝	萧琮	父 萧岿	585.5 587.9		3	广运(586)	

陈 （南北朝）

共5任君 5帝 557—589 立国33年

建都:江苏南京 疆域:华南 亡于隋

任数	庙号	尊号	姓名	亲属	在位起讫	即位去位年龄	在位年	年号	备注
	太祖	景皇帝	陈文赞						南梁·游民
1	高祖	武皇帝	陈霸先	父 陈文赞 母 董氏	557.10 559.6	55 57	3	永定(557)	
2	世祖	文皇帝	陈蒨	父 陈道谭 叔父 陈霸先	559.6 566.4	38 45	8	天嘉(560) 天康(566)	
3		少帝·临海王·废帝	陈伯宗	父 陈蒨 母 沈妙容	566.4 568.11	15 17	3	光大(567)	被废，570年，卒，年19
4	高宗	孝宣皇帝	陈顼	父 陈道谭 兄 陈蒨	568.11 582.1	41 55	15	太建(569)	
5		后主	陈叔宝	父 陈顼 母 柳敬言	582.1 589.1	30 37	8	至德(583) 祯明(587)	604年，卒，年52

魏(北魏)(后魏)(元魏) (南北朝)

共18任君 19帝 386—556 立国171年

建都:河南洛阳 疆域:华北 分别亡于北齐、北周

任数	庙号	尊号	姓名	亲属	在位起讫	即位去位年龄	在位年	年号	备注
	始祖	神元皇帝	拓跋力微	父 拓跋诘汾	220 277	47 104	58		索头鲜卑酋长
		文皇帝	拓跋沙漠汗	父 拓跋力微					
		章皇帝	拓跋悉鹿	父 拓跋力微	277 286		10		
		平皇帝	拓跋绰	父 拓跋力微	286 293		8		
		思皇帝	拓跋弗	父 拓跋沙漠汗 伯父 拓跋绰	293 294		2		
		昭皇帝	拓跋禄官	父 拓跋力微 兄 拓跋沙漠汗	294 307		14		
		桓皇帝	拓跋猗㐌	父 拓跋沙漠汗 叔父 拓跋禄官	295 305		11		
		穆皇帝	拓跋猗卢	父 拓跋沙漠汗 兄 拓跋猗㐌	307 316.3		20		晋·代王,被杀
	太祖	平文皇帝	拓跋郁律	父 拓跋弗	316冬 321		6		被杀

		惠皇帝	拓跋贺傉	父　拓跋猗㐌	321 325		5		
		炀皇帝	拓跋纥那	父　拓跋猗㐌	325 327		3		被逐
		烈皇帝	拓跋翳槐	父　拓跋郁律	327 338		12		
	高祖	昭成皇帝	拓跋什翼犍	父　拓跋郁律	338 376.12	19 57	39	建国(338)	被杀
		献明皇帝	拓跋寔	父　拓跋什翼犍					
1	烈祖 太祖	道武皇帝	拓跋珪	父　拓跋寔 母　贺氏	386.1 409.10	16 39	24	登国(386) 皇始(396) 天兴(398) 天赐(404)	被杀
2	太宗	明元皇帝	拓跋嗣	父　拓跋珪 母　刘氏	409.10 423.11	18 32	15	永兴(409) 神瑞(414) 泰常(416)	
3	世祖	太武皇帝	拓跋焘	父　拓跋嗣 母　杜氏	423.11 452.2	16 45	30	始光(424) 神䴥(428) 延和(432) 太延(435) 太平真君(440) 正平(451)	被杀
4		南安王	拓跋余	父　拓跋焘	452.2 452.10		9月	承平(452)	被杀
	恭宗	景穆皇帝	拓跋晃	父　拓跋焘 母　贺氏					景穆太子

5	高宗	文成皇帝	拓跋濬	父 拓跋晃 母 闾氏	452.10 465.5	13 26	14	兴安(452) 兴光(454) 太安(455) 和平(460)	
6	显祖	献文皇帝	拓跋弘	父 拓跋濬 母 李氏	465.5 471.8	12 18	7	天安(466) 皇兴(467)	476年,毒死,年23
7	高祖	孝文皇帝	元宏	父 拓跋弘 母 李氏	471.8 499.4	5 33	29	延兴(471) 承明(476) 太和(477)	
8	世宗	宣武皇帝	元恪	父 元宏 母 高氏	499.4 515.1	17 33	17	景明(500) 正始(504) 永平(508) 延昌(512)	
9	肃宗	孝明皇帝	元诩	父 元恪 母 胡氏	515.1 528.2	6 19	14	熙平(516) 神龟(518) 正光(520) 孝昌(525)	被杀
10		临洮王·幼主	元钊	曾祖父 元宏祖 父 元愉 父 元宝晖	528.2 528.4	3 3	3月	武泰(528)	被杀
	肃祖	文穆皇帝	元勰	父 拓跋弘 母 潘氏					彭城武宣王
11	敬宗	孝庄皇帝	元子攸	父 元勰 母 李氏	528.4 530.12	22 24	3	建义(528) 永安(528)	被杀

12		东海王·长广王	元晔	曾祖父 拓跋晃 祖父 元祯 父 元怡 母 卫氏	530.10 531.3		6月	建明(530)	532年,被杀
13		前废帝·节闵皇帝·广陵王	元恭	祖父 拓跋弘 父 元羽 母 王氏	531.3 532.4	34 35	2	普泰(531)	被杀
14		后废帝·安定王	元朗	玄祖 拓跋晃 父 元融 母 程氏	531.10 532.4	19 20	7月	中兴(531)	被杀
		武穆皇帝	元怀	父 元宏 母 高氏					广平文穆王
15		孝武皇帝·出帝	元修	父 元怀 母 李氏	532.4 534.12	23 25	3	太昌(532) 永兴(532) 永熙(532)	毒死
16	东魏	孝静皇帝	元善见	曾祖父 元宏祖 父 元怿 父 元亶 母 胡氏	534.10 550.5	11 27	17	天平(534) 元象(538) 兴和(539) 武定(543)	551年,被杀,年28
		文景皇帝	元愉	父 元宏 母 袁氏					京兆王

16	西魏	文皇帝	元宝炬	父　元愉 母　杨氏	535.1 551.1	59 45	17	大统(535)	
17	西魏	废帝	元钦	父　元宝炬 母　乙弗氏	551.3 554.1	13 16	4	元年(552)	被杀
18	西魏	恭帝	拓跋廓	父　元宝炬	554.1 556.12	18 20	3	元年(554)	557年，被杀，年21

齐(北齐) (南北朝)

共6任君 6帝 550—577 立国28年

建都:河北临漳 疆域:河北、河南、山东、山西 亡于北周

任数	庙号	尊号	姓名	亲属	在位起讫	即位去位年龄	在位年	年号	备注
		文穆皇帝	高树	父 高谧					北魏·游民
	高祖	神武皇帝	高欢	父 高树					北魏·勃海王·相国
	世宗	文襄皇帝	高澄	父 高欢 母 娄昭君					北魏·勃海王·丞相
1	显祖	文宣皇帝	高洋	父 高欢 母 娄昭君 兄 高澄	550.5 559.10	22 31	10	天保(550)	
2		废帝	高殷	父 高洋 母 李祖娥	559.10 560.8	15 16	2	乾明(560)	561年,被杀,年17
3	肃宗	孝昭皇帝	高演	父 高欢 母 娄昭君 兄 高洋	560.8 561.11	26 27	2	皇建(560)	
4	世祖	武成皇帝	高湛	父 高欢 母 娄昭君 兄 高演	561.11 565.4	25 29	5	太宁(561) 河清(562)	568年,卒,年32

5		后主·太上皇	高纬	父　高湛 母　胡氏	565.4 577.1	9 21	13	天统(565) 武平(570) 隆化(576)	被杀
6		幼主·宗国天王	高恒	父　高纬 母　穆黄花	577.1 577.1	8 8	25 天	承光(577)	被杀

周(北周) (南北朝)

共 5 任君 5 帝 557—581 立国 25 年

建都:陕西西安 疆域:华北 亡于隋

任数	庙号	尊号	姓名	亲属	在位起讫	即位去位年龄	在位年	年号	备注
		德皇帝	宇文肱	父 宇文韬					北魏,宇文部落酋长
	太祖	文皇帝	宇文泰	父 宇文肱 母 王氏					北魏·丞相
1		孝闵皇帝	宇文觉	父 宇文泰 母 元胡摩	557.1 557.8	16 16	8 月	元年(557)	被杀
2	世宗	明皇帝	宇文毓	父 宇文泰 母 姚氏	557.8 560.4	24 27	4	元年(557) 武成(559)	毒死
3	高祖	武皇帝	宇文邕	父 宇文泰 母 叱奴氏	560.4 578.6	18 36	19	保定(561) 天和(566) 建德(572) 宣政(578)	
4		宣皇帝·天元皇帝	宇文赟	父 宇文邕 母 李娥姿	578.6 579.2	20 21	2	大成(579)	580 年,卒,年 22
5		静皇帝	宇文阐	父 宇文赟 母 朱满月	579.2 581.2	7 9	3	大象(579) 大定(581)	被杀

隋

共5任君 5帝 581—619 立国39年

建都:陕西西安 疆域:全国 亡于郑(王世充)

任数	庙号	尊号	姓名	亲属	在位起讫	即位去位年龄	在位年	年号	备注
		皇高祖太原府君	杨惠嘏	父 杨元寿					北魏·太原太守
		皇曾祖康王	杨烈	父 杨惠嘏					北魏·平原太守
		皇祖献王	杨祯	父 杨烈					北魏·宁远将军
	太祖	武元皇帝	杨忠	父 杨祯					北周·随国公·柱国大司空
1	高祖	文皇帝	杨坚	父 杨忠 母 吕氏	581.2 604.7	41 64	24	开皇(581) 仁寿(601)	被杀
2	世祖	明皇帝·炀皇帝	杨广	父 杨坚 母 独孤氏	604.7 618.3	36 50	15	大业(605)	被杀
	世宗	孝成皇帝	杨昭	父 杨广 母 萧氏					元德太子

3		恭皇帝	杨侑	父　杨昭 母　韦氏	617.11 618.5	13 14	6月	义宁(617)	617年，被杀，年15
4			杨浩	祖父　杨坚 父　杨俊 母　崔氏	618.3 618.9		7月		被杀
5		恭皇帝	杨侗	父　杨昭 母　刘氏	618.5 619.4	15 16	2	皇泰(618)	被杀

唐

共25任君　22帝　618—690　705—907　立国276年

建都:陕西西安　疆域:全国　亡于后梁

任数	庙号	尊号	姓名	亲属	在位起讫	即位去位年龄	在位年	年号	备注
		德明皇帝	皋陶						
	圣祖	玄元皇帝	李耳						
		兴圣皇帝	李暠						西凉·一任王
	献祖	宣皇帝	李熙	曾祖父　李暠 祖父　李歆 父　李重耳					北魏·金门镇将
	懿祖	光皇帝	李天赐	父　李熙					北魏·幢主
	太祖	景皇帝	李虎	父　李天赐					西魏·太尉
	世祖	元皇帝	李昞	父　李虎 母　梁氏					隋·唐公·安州总管
1	高祖	神尧大圣大光孝皇帝	李渊	父　李昞 母　独孤氏	618.5 626.8	53 61	9	武德(618)	635年,卒,年70

2	太宗	文武大圣大广孝皇帝	李世民	父　李渊 母　窦氏	626.8 649.5	29 52	24	贞观(627)	
3	高宗	天皇大圣大弘孝皇帝	李治	父　李世民 母　长孙氏 妻　武曌	649.6 683.12	22 56	35	永徽(650) 显庆(656) 龙朔(661) 麟德(664) 乾封(666) 总章(668) 咸亨(670) 上元(674) 仪凤(676) 调露(679) 永隆(680) 开耀(681) 永淳(682) 弘道(683)	
4	中宗	太和大圣大昭孝皇帝	李显 (哲)	父　李治 母　武曌	683.12 684.2	28 29	3月	嗣圣(684)	被废
5	睿宗	玄真大圣大兴孝皇帝	李旦 (轮) (旭轮)	父　李治 母　武曌	684.2 690.9	23 29	7	文明(684) 光宅(684) 垂拱(685) 永昌(689) 载初(690)	被废
国亡14年(691—704)									
6		(二)	李显		705.1 710.6	50 55	6	神龙(705) 景龙(707)	毒死

7		少皇帝·殇皇帝	李重茂	父 李显	710.6 710.6	16 16	10天	唐隆(710)	被废,714年,卒,年20
8		(二)	李旦		710.6 712.8	49 51	3	景云(710) 太极(712) 延和(712)	716年,卒,年55
9	玄宗	至道大圣大明孝皇帝	李隆基	父 李旦 母 窦氏	712.8 756.7	28 72	45	先天(712) 开元(713) 天宝(742)	762年,卒,年78
10	肃宗	文明武德大圣大宣孝皇帝	李亨 (嗣升) (浚) (玙) (绍)	父 李隆基 母 杨氏	756.7 762.4	46 52	7	至德(756) 乾元(758) 元年(760) 上元(760) 宝应(762)	
11	代宗	睿文孝武皇帝	李豫 (俶)	父 李亨 母 吴氏	762.4 779.5	37 54	18	广德(763) 永泰(765) 大历(766)	
12	德宗	神武孝文皇帝	李适	父 李豫 母 沈氏	779.5 805.1	38 64	27	建中(780) 兴元(784) 贞元(785)	

13	顺宗	至德弘道大圣大安孝皇帝	李诵	父 李适 母 王氏	805.1 805.8	45 45	8月	永贞(805)	806年,卒,年46
14	宪宗	昭文章武大圣至神孝皇帝	李纯	父 李诵 母 王氏	805.8 820.1	28 43	16	元和(806)	被杀
15	穆宗	睿圣文惠孝皇帝	李恒(宥)	父 李纯 母 郭氏	820.1 824.1	26 30	5	长庆(821)	
16	敬宗	睿武昭愍孝皇帝	李湛	父 李恒 母 王氏	824.1 826.12	16 18	3	宝历(825)	被杀
17	文宗	元圣昭献孝皇帝	李昂(涵)	父 李恒 母 萧氏	826.12 840.1	19 33	15	太和(827) 开成(836)	
18	武宗	至道昭肃孝皇帝	李炎(瀍)	父 李恒 母 韦氏	840.1 846.3	27 33	7	会昌(841)	

19	宣宗	元圣至明成武献文睿智章仁神聪懿道大孝皇帝	李忱 (怡)	父　李纯 母　郑氏	846.3 859.6	37 50	14	大中(847)	
20	懿宗	昭圣恭惠孝皇帝	李漼 (温)	父　李忱 母　晁氏	859.6 873.7	27 41	15	咸通(860)	
21	僖宗	惠圣恭定孝皇帝	李儇 (俨)	父　李漼 母　王氏	873.7 888.3	12 27	16	乾符(874) 广明(880) 中和(881) 光启(885) 文德(888)	暴卒
22	昭宗	圣穆景文孝皇帝	李晔 (杰) (敏)	父　李漼 母　王氏	888.3 900.11	22 34	13	龙纪(889) 大顺(890) 景福(892) 乾宁(894) 光化(898)	
23			李裕	父　李晔 母　何氏	900.11 901.1	8 9	3月		905年,被杀,年13
24		(二)	李晔		901.1 904.8	35 38	4	天复(901) 天祐(904)	被杀

25	哀帝	昭宣光烈孝皇帝·哀帝	李柷	父 李晔 母 何氏	904.8 907.4	13 16	4		908年，被杀，年17

周(南周)

共1任君 1帝 690—705 立国16年

建都:河南洛阳 疆域:全国 亡于唐

任数	庙号	尊号	姓名	亲属	在位起讫	即位去位年龄	在位年	年号	备注
		文皇帝	姬昌	父 姬季历					周文王
	睿祖	康皇帝	姬武	十二世祖 姬昌 父 姬宜臼					周十三任王少子
	严祖	成皇帝	武克己						
	肃祖	章敬皇帝	武居常	父 武克己 母 裴氏					
	烈祖	昭安皇帝	武俭	父 武居常 母 刘氏					
	显祖	文穆皇帝	武华	父 武俭 母 宋氏					
	太祖	孝明高皇帝	武士彟	父 武华 母 赵氏					唐·应国公、工部尚书、荆州都督

1		则天大圣皇帝	武曌	父 武士彟 母 杨氏	690.9 705.1	67 82	16	天授(690) 如意(692) 长寿(692) 延载(694) 证圣(695) 天册万岁(695) 万山登封(696) 万岁通天(696) 神功(697) 圣历(698) 久视(700) 大足(701) 长安(701) 神龙(705)	

梁(后梁) (五代)

共3任君 3帝 907—923 立国17年

建都:河南开封 疆域:河南、河北、山东、陕西 亡于后唐

任数	庙号	尊号	姓名	亲属	在位起讫	即位去位年龄	在位年	年号	备注
	肃祖	宣元皇帝	朱黯						
	敬祖	光献皇帝	朱茂琳	父 朱黯 母 范氏					
	宪祖	昭武皇帝	朱信	父 朱茂琳 母 杨氏					
	烈祖	文穆皇帝	朱诚	父 朱信 母 刘氏					唐·塾师
1	太祖	神武元圣孝皇帝	朱温 (全忠) (晃)	父 朱诚 母 王氏	907.4 912.6	56 61	6	开平(907) 乾化(911)	被杀
2		郢王	朱友珪	父 朱温	912.6 913.2	29 30	9月	凤历(913)	被杀
3		均王·末帝	朱友贞 (锽) (瑱)	父 朱温 母 张氏	913.2 923.10	26 36	11	乾化三年(913) 贞明(915) 龙德(921)	被杀

唐（后唐） （五代）

共4任君　4帝　923—936　立国14年

建都：河南洛阳　疆域：华北　亡于后晋

任数	庙号	尊号	姓名	亲属	在位起讫	即位去位年龄	在位年	年号	备注
	懿祖	昭烈皇帝	朱邪执宜	父　朱邪尽忠					唐·蔚州刺史
	献祖	文景皇帝	朱邪赤心（李国昌）	父　朱邪执宜					唐·振武、代北节度使
	太祖	武皇帝	李克用	父　李国昌 母　秦氏					唐·晋王
1	庄宗	光圣神闵孝皇帝	李存勖	父　李克用 母　曹氏	923.4 926.4	39 42	4	同光（923）	被杀
	惠祖	孝恭皇帝	李聿						
	毅祖	孝质皇帝	李教	父　李聿 母　崔氏					
	烈祖	孝靖皇帝	李琰	父　李教 母　张氏					

	德祖	孝成皇帝	李霓	父 李琰 母 何氏					
2	明宗	圣德和武钦孝皇帝	李嗣源 (邈佶烈) (亶)	父 李霓 母 刘氏	926.4 933.11	60 67	8	天成(926) 长兴(930)	
3		闵皇帝	李从厚	父 李嗣源 母 夏氏	933.12 934.4	20 21	5月	应顺(934)	被杀
4		潞王·末帝	李从珂	义父 李嗣源 生父 王氏 母 魏氏	934.4 936 闰11	50 52	3	清泰(934)	自焚

晋(后晋) (五代)

共2任君 2帝 936—946 立国11年

建都:河南开封 疆域:华北 亡于辽

任数	庙号	尊号	姓名	亲属	在位起讫	即位去位年龄	在位年	年号	备注
	靖祖	孝安皇帝	石璟						唐·朔州刺史
	肃祖	孝简皇帝	石彬	父 石璟 母 秦氏					
	睿祖	孝平皇帝	石昱	父 石彬 母 安氏					唐·振武防御使
	宪祖	孝元皇帝	石绍雍 (臬捩鸡)	父 石翌 母 米氏					唐·洺州刺史
1	高祖	圣文章武明德孝皇帝	石敬瑭	父 石绍雍 母 何氏	936.11 942.6	45 51	7	天福(936)	
2		少帝·出帝	石重贵	父 石敬儒 叔父 石敬瑭 母 安氏	942.6 946.12	29 33	5	天福七年(942) 开运(944)	被俘

汉(后汉) (五代)

共6任君 6帝 947—979 立国33年

建都:河南开封·山西太原 疆域:后汉华北、北汉山西中部 亡于宋

任数	庙号	尊号	姓名	亲属	在位起讫	即位去位年龄	在位年	年号	备注
	文祖	明元皇帝	刘湍						
	德祖	恭僖皇帝	刘昂	父 刘湍 母 李氏					
	翼祖	昭献皇帝	刘僎	父 刘昂 母 杨氏					
	显祖	章圣皇帝	刘琠	父 刘僎 母 李氏					唐·列校
1	高祖	睿文圣武昭肃孝皇帝	刘知远(暠)	父 刘琠 母 安氏	947.2 948.1	53 54	2	天福十二年(947) 乾祐(948)	
2		隐皇帝	刘承祐	父 刘知远 母 李氏	948.2 950.11	18 20	3	乾祐元年(948)	被杀
3	北汉世祖	神武皇帝	刘崇(旻)	父 刘琠 母 安氏	951.1 954.11	57 60	4	乾祐四年(951)	

4	睿宗	孝和皇帝	刘承钧	父　刘崇	954.11 968.7	29 43	15	乾祐七年(954) 天会(957)	
5			刘继恩	义父　刘承钧 生父　薛钊 母　刘氏	968.7 968.9	34 34	60天	天会十二年(968)	被杀
6			刘继元	义父　刘承钧 生父　何氏 母　刘氏	968.9 979.5		12	天会十二年(968) 广运(974)	

周(后周) (五代)

共3任君 3帝 951—960 立国10年

建都:河南开封 疆域:华北 亡于宋

任数	庙号	尊号	姓名	亲属	在位起讫	即位去位年龄	在位年	年号	备注
	信祖	睿和皇帝	郭璟						
	僖祖	明宪皇帝	郭谌	父 郭璟 母 张氏					
	义祖	翼顺皇帝	郭蕴	父 郭谌 母 申氏					
	庆祖	章肃皇帝	郭简	父 郭蕴 母 韩氏					
1	太祖	圣神恭肃文武孝皇帝	郭威	父 郭简 母 王氏	951.1 954.1	48 51	4	广顺(951) 显德(954)	
2	世宗	睿武孝文皇帝	郭荣	义父 郭威 生父 柴守礼	954.1 959.6	35 39	5	显德元年(954)	
3		恭皇帝	郭宗训	父 郭荣 母 符氏	959.6 960.1	7 8	8月	显德六年(959)	973年,卒,年20

岐 （五代十一国）

共1任君 1王 907—924 立国18年

建都:陕西凤翔 疆域:陕西西部 亡于后唐

任数	庙号	尊号	姓名	亲属	在位起讫	即位去位年龄	在位年	年号	备注
			宋端	父 宋铎					
1		忠敬王	李茂贞（宋文通）	父 宋端	907.4 924.4	52 69	18	天祐四年(907)	

楚(南楚) (五代十一国)

共6任君 6王 907—951 立国45年

建都:湖南长沙 疆域:湖南、广西北部 亡于南唐

任数	庙号	尊号	姓名	亲属	在位起讫	即位去位年龄	在位年	年号	备注
		文肃王	马筠						
		庄穆王	马正	父 马筠					
		景庄王	马元丰	父 马正					
1		武穆王	马殷	父 马元丰	907.4 930.11	56 79	24		
2		衡阳王	马希声	父 马殷 母 袁氏	930.11 932.7	32 34	3		
3		文昭王	马希范	父 马殷 母 陈氏	932.8 947.5	34 49	16		
4			马希广	父 马殷 母 陈氏	947.5 950.12		4		被杀
5		恭孝王	马希萼	父 马殷	950.12 951.9		2		被逐
6			马希崇	父 马殷	951.9 951.10	40 40	2月		

吴越 （五代十一国）

共5任君　5王　907—978　立国72年

建都：浙江杭州　疆域：浙江　亡于宋

任数	庙号	尊号	姓名	亲属	在位起讫	即位去位年龄	在位年	年号	备注
1	太祖	武肃王	钱镠	祖父　钱宙 父　钱宽 母　水丘氏	907.5 932.3	56 81	26	天宝(908) 宝大(924) 宝正(926)	
2	世宗	文穆王	钱传瓘 (元瓘)	父　钱镠 母　陈氏	932.2 941.8	46 55	10		
3	成宗	忠献王	钱弘佐	父　钱传瓘 母　许氏	941.8 947.6	13 19	7		
4		忠逊王	钱弘倧	父　钱传瓘 母　鹿氏	947.6 947.12	20 20	7月		被废 967年，卒，年40
5		忠懿王	钱弘俶	父　钱传瓘 母　吴氏	947.12 978.4	19 50	32		988年，卒，年60

蜀(前蜀) (五代十一国)

共2任君 2帝 907—925 立国19年

建都:四川成都 疆域:四川 亡于后唐

任数	庙号	尊号	姓名	亲属	在位起讫	即位去位年龄	在位年	年号	备注
			王金						唐·游民
1	高祖	神武圣文孝德明惠皇帝	王建	父 王金	907.9 918.6	61 72	12	武成(908) 永平(911) 通正(916) 天汉(917) 光天(918)	
2		圣德明孝皇帝	王衍 (宗衍)	父 王建 母 徐氏	918.6 925.11	20 27	8	乾德(919) 咸康(925)	926年,被杀,年28

蜀(后蜀) (五代十一国)

共2任君 2帝 934—965 立国32年

建都:四川成都 疆域:四川 亡于宋

任数	庙号	尊号	姓名	亲属	在位起讫	即位去位年龄	在位年	年号	备注
1	高祖	文武圣德英烈明孝皇帝	孟知祥	祖父 孟察 父 孟道	934.1 934.7	61 61	7月	明德(934)	
2		睿文英武仁圣明孝皇帝	孟仁赞(昶)	父 孟知祥 母 李氏	934.7 965.1	16 47	32	明德(934) 广政(938)	6月,卒

吴(南吴) (五代十一国)

共2任君 1王1帝 910—937 立国28年

建都:江苏扬州 疆域:江苏、安徽、江西 亡于南唐

任数	庙号	尊号	姓名	亲属	在位起讫	即位去位年龄	在位年	年号	备注
	太祖	武皇帝	杨行密(愍)	父 杨怤					唐·吴王
	烈宗	景皇帝	杨渥	父 杨行密					唐·吴王
1	高祖	宣皇帝	杨渭(隆演)	父 杨行密 母 史氏	910.2 920.4	14 24	11	武义(919)	
2		高尚思玄弘古让皇帝	杨溥	父 杨行密 母 王氏	920.6 937.10	21 38	18	顺义(921) 乾贞(927) 太和(929) 天祚(935)	938年,卒,年39

燕（桀燕） （五代十一国）

共1任君 1帝 911—913 立国3年

建都：北京 疆域：河北北部 亡于后唐

任数	庙号	尊号	姓名	亲属	在位起讫	即位去位年龄	在位年	年号	备注
			刘仁恭	父 刘晟					唐·卢龙节度使
1			刘守光	父 刘仁恭	911.8 913.12		3	应天(911)	914年，被杀

汉(南汉)(越汉) (五代十一国)

共4任君 4帝 917—971 立国55年

建都:广东广州 疆域:广东、广西 亡于宋

任数	庙号	尊号	姓名	亲属	在位起讫	即位去位年龄	在位年	年号	备注
	太祖	文皇帝	刘安仁						唐·潮州长史
	代祖	圣武皇帝	刘谦	父 刘安仁					唐·封州刺史
	烈宗	襄皇帝	刘隐	父 刘谦 母 韦氏					后梁·南平郡王、清海节度使
1	高祖	天皇大帝	刘岩(陟)(龑)	父 刘谦 母 段氏	917.8 942.4	29 54	26	乾亨(917) 白龙(925) 大有(928)	
2		殇皇帝	刘弘度(玢)	父 刘岩 母 赵氏	942.4 943.3	23 24	2	光天(942)	被杀
3	中宗	文武光圣明孝皇帝	刘弘熙(晟)	父 刘岩	943.3 958.8	24 39	16	应乾(943) 乾和(943)	
4		恩赦侯	刘继兴(铱)	父 刘弘熙	958.8 971.2	16 29	14	大宝(958)	980年,卒,年38

南平(荆南) (五代十一国)

共5任君 5王 924—963 立国40年

建都:湖北江陵 疆域:湖北中部 亡于宋

任数	庙号	尊号	姓名	亲属	在位起讫	即位去位年龄	在位年	年号	备注
1		武信王	高季昌(季兴)	义父 朱友让(李七郎)	924.3 928.12	67 71	5		
2		文献王	高从诲	父 高季昌 母 张氏	928.12 948.11	38 58	21		
3		贞懿王	高保融	父 高从诲	948.11 960.8	29 41	13		
4			高保勖	父 高从诲	960.8 962.11	37 39	3		
5			高继冲	父 高保融	962.11 963.2	20 21	2		973年,卒,年31

闽 (五代十一国)

共5任君　5帝　933—945　立国13年

建都:福建福州　疆域:福建　亡于南唐

任数	庙号	尊号	姓名	亲属	在位起讫	即位去位年龄	在位年	年号	备注
			王凭	父　王蕰玉					唐·务农
			王潮	父　王凭					唐·威武节度使
	太祖	昭武孝皇帝	王审知	父　王凭 兄　王潮					后梁·闽王
1	惠宗	齐肃明孝皇帝	王延钧(璘)	父　王审知 母　黄氏		926 935.10	10	龙启(933) 永和(935)	被杀
2	康宗	圣神英睿文明广武应道大宏孝皇帝	王继鹏(昶)	父　王延钧	935.10 939.75		5	通文(936)	被杀

3	景宗	睿文广武明圣元德隆道大孝皇帝	王延羲（曦）	父　王审知	939.7 944.3		6	永隆(939)	被杀
4			朱文进		944.3 944.12		1		被杀
5	殷	富沙王	王延政	父　王审知	943.2 945.8		3	天德(943)	

唐(南唐) (五代十一国)

共3任君 3帝 937—975 立国39年

建都:江苏南京 疆域:江苏、安徽、江西 亡于宋

任数	庙号	尊号	姓名	亲属	在位起讫	即位去位年龄	在位年	年号	备注
	定宗	孝靖皇帝	李恪	父 李世民					唐·吴王
	成宗	孝平皇帝	李超	父 李恪					
	惠宗	孝安皇帝	李志	父 李超					
	庆宗	孝德皇帝	李荣	父 李志					唐·民
	太祖 义祖	忠武皇帝	徐温						南吴·东海郡王、大丞相
1	烈祖	光文肃武孝高皇帝	李昪 (徐知诰)	义父 徐温 父 李荣 母 刘氏	937.10 943.2	50 56	7	升元(937)	
2	元宗	明道崇德文宣孝皇帝	李璟 (徐景通)	父 李昪 母 宋氏	943.3 961.6	28 46	19	保大(943) 中兴(958) 交泰(958)	
3		后主	李煜 (徐从嘉)	父 李璟 母 钟氏	961.6 975.11	24 38	15		978年,毒死,年42

辽(契丹)

共9任君　9帝(加西辽共15任君,2后13帝)　916—1125 立国210年(加西辽—1218,立国303年)

建都:内蒙巴林左旗(西辽:吉尔吉斯斯坦托克马克)　疆域:长城以北　(西辽:新疆、中亚东部)　亡于金(西辽亡于蒙古)

任数	庙号	尊号	姓名	亲属	在位起讫	即位去位年龄	在位年	年号	备注
	肃祖	昭烈皇帝	耶律耨里思	父　耶律颏领父					
	懿祖	庄敬皇帝	耶律萨剌德	父　耶律耨里思					
	玄祖	简献皇帝	耶律匀德实	父　耶律萨剌德					
	德祖	宣简皇帝	耶律撒剌的	父　耶律匀德实					
1	太祖	大圣大明神烈天皇帝	耶律阿保机(亿)	父　耶律撒剌的 母　萧岩母斤	916 926	45 55	11	神册(916) 天赞(922)	
2	太宗	孝武惠文皇帝	耶律德光(尧骨)	父　耶律阿保机 母　述律平	927.11 947.4	26 46	21	天显(927) 会同(937) 大同(947)	

	义宗	让国皇帝·文献钦义皇帝	耶律突欲(倍)	父 耶律阿保机 母 述律平					东丹王
3	世宗	孝和庄宪皇帝	耶律兀欲(阮)	父 耶律突欲 叔 耶律德光	947.5 951.9	30 34	5	天禄(947)	被杀
4	穆宗	孝安敬正皇帝	耶律述律(璟)	父 耶律德光 母 萧温	951.9 969.2	21 39	19	应历(951)	被杀
5	景宗	孝成康靖皇帝	耶律贤	父 耶律兀欲 母 萧撒葛只	969.2 982.9	22 35	14	保宁(969) 乾亨(979)	
6	圣宗	文武大孝宣皇帝	耶律隆绪	父 耶律贤 母 萧燕燕	982.9 1031.6	12 61	50	统和(983) 开泰(1012) 太平(1021)	
7	兴宗	神圣孝章皇帝	耶律宗真	父 耶律隆绪 母 萧耨斤	1031.6 1055.8	16 40	25	景福(1031) 重熙(1032)	

8	道宗	仁圣大孝文皇帝	耶律 洪基	父　耶律宗真 母　萧挞里	1055.8 1101.1	24 70	47	清宁(1055) 咸雍(1065) 太康(1075) 大安(1085) 寿昌(1095)	
	顺宗	大孝顺圣皇帝	耶律濬	父　耶律洪基 母　萧观音					昭怀太子
9		天祚皇帝	耶律 延禧	父　耶律濬 母　萧氏	1101.1 1125.2	27 51	25	乾统(1101) 天庆(1111) 保大(1121)	1125年，被杀，年82
10	西辽 德宗	天祐皇帝·菊儿汗	耶律 大石	八世祖 耶律阿保机	1125 1144	38 57	20	延庆(1125) 康国(1127)	1125年，退出中国本土
11		感天皇后	萧塔 不烟	夫　耶律大石 子　耶律夷列 女　耶律布沙堪	1144 1151		8	咸清(1145)	
12	仁宗		耶律 夷列	父　耶律大石 母　萧塔不烟	1151 1164		14	绍兴(1152)	
13		承天皇后	耶律布 沙堪	父　耶律大石 兄　耶律夷列 夫　萧朵鲁不	1164 1178		15	崇福(1165) 皇德(1169) 重德(1171)	被杀
14			耶律直 鲁古	父　耶律夷列	1178 1212		35	天禧(1179)	1215年，卒
15			屈出律	岳父　耶律直鲁古 父　乃蛮太阳汗 妻　晃忽公主		1212 1218	7		被杀

宋

共20任君　19帝　960—1279　立国320年

建都:河南开封、浙江杭州　疆域:北宋全国、南宋华南　亡于元

任数	庙号	尊号	姓名	亲属	在位起讫	即位去位年龄	在位年	年号	备注
	僖祖	文献皇帝	赵朓						唐·永清县令
	顺祖	惠元皇帝	赵珽	父　赵朓					唐·藩镇从事
	翼祖	简恭皇帝	赵敬	父　赵珽					唐·营州刺史
	宣祖	武昭皇帝	赵弘殷	父　赵敬					后周·右厢都指挥
1	太祖	启运立极英武睿文神德圣功至明大孝皇帝	赵匡胤	父　赵弘殷 母　杜氏	960.1 976.10	34 50	17	建隆(960) 乾德(963) 开宝(968)	被杀

2	太宗	神功圣德文武皇帝	赵光义（匡义）（炅）	父　赵弘殷 母　杜氏	976.10 997.3	38 59	22	太平兴国(976) 雍熙(984) 端拱(988) 淳化(990) 至道(995)	
3	真宗	应符稽古神功让德文明武定章圣元孝皇帝	赵恒	父　赵光义 母　李氏	997.3 1022.3	30 55	26	咸平(998) 景德(1004) 大中祥符(1008) 天禧(1017) 乾兴(1022)	
4	仁宗	体天法道极功全德神文圣武睿哲明孝皇帝	赵受益（祯）	父　赵恒 母　李氏	1022.2 1063.3	13 54	42	天圣(1023) 明道(1032) 景祐(1034) 宝元(1038) 康定(1040) 庆历(1041) 皇祐(1049) 至和(1054) 嘉祐(1056)	

5	英宗	体乾应历隆功盛德宪文肃武睿圣宣孝皇帝	赵宗实 (曙)	曾祖父　赵光义 祖父　赵元份 父　赵允让	1063.4 1067.1	32 36	5	治平(1064)	
6	神宗	绍天法古运德建功英文烈武钦仁圣孝皇帝	赵顼	父　赵宗实 母　高氏	1067.1 1085.3	20 38	19	熙宁(1068) 元丰(1078)	
7	哲宗	宪元继道显德定功钦文睿武齐圣昭孝皇帝	赵煦	父　赵顼 母　朱氏	1085.3 1100.1	10 25	16	元祐(1086) 绍圣(1094) 元符(1098)	

8	徽宗	体神合道骏烈逊功圣文仁德宪慈显孝皇帝	赵佶	父 赵顼 母 陈氏 兄 赵煦	1100.1 1125.12	19 44	26	建中靖国(1101) 崇宁(1102) 大观(1107) 政和(1111) 重和(1118) 宣和(1119)	1135年,卒,年54
9	钦宗	恭文顺德仁孝皇帝	赵桓	父 赵佶 母 王氏	1125.12 1127.4	26 28	2	靖康(1126)	1156年,被杀,年57
10	南宋高宗	受命中兴全功至德圣神武文昭仁宪孝皇帝	赵构	父 赵佶 母 韦氏 兄 赵桓	1127.5 1129.3	21 23	3	建炎(1127)	
11			赵旉	父 赵构	1129.3 1129.4		2 月	明受(1129)	

12		(二)	赵构		1129.4 1162.6	23 56	34	绍兴(1131)	1187年,卒,年81
13	孝宗	寿皇绍统同道冠德昭功哲文神武明圣成孝皇帝	赵伯琮 (昚)	七世祖 赵匡胤 父　赵子偁 母　张氏	1162.6 1189.2	36 63	28	隆兴(1163) 乾道(1165) 淳熙(1174)	1194年,卒,年68
14	光宗	循道宪仁明功茂德温文顺武圣哲慈孝皇帝	赵惇	父　赵伯琮 母　郭氏	1189.2 1194.7	29 34	6	绍熙(1190)	1200年,卒,年41

15	宁宗	法天备道纯德茂功仁文哲武圣睿恭孝皇帝	赵扩	父 赵惇 母 李氏	1197.7 1224.8	30 57	28	庆元(1195) 嘉泰(1201) 开禧(1205) 嘉定(1208)	
16	理宗	建道备德大功复兴烈文仁武圣明安孝皇帝	赵贵诚(昀)	十世祖 赵匡胤 父 赵希玙 母 全氏	1224.8 1264.10	20 60	41	宝庆(1225) 绍定(1228) 端平(1234) 嘉熙(1237) 淳祐(1241) 宝祐(1253) 开庆(1259) 景定(1260)	
17	度宗	端文明武景孝皇帝	赵孟启(禥)	祖父 赵希玙 父 赵与芮 母 黄氏	1264.10 1274.7	25 35	11	咸淳(1265)	

18		孝恭懿圣皇帝·瀛国公	赵㬎	父 赵孟启 母 全氏	1274.7 1276.2	4 6	3	德祐(1275)	
19	端宗	裕文昭武愍孝皇帝·益王	赵昰	父 赵孟启 母 杨氏	1276.5 1278.4	9 11	3	景炎(1276)	
20		卫王·广王	赵昺	父 赵孟启 母 俞氏	1278.4 1279.2	8 9	11月	祥兴(1278)	投海死

夏(西夏)

共10任君　10帝　1032—1227　立国196年

建都:宁夏银川　疆域:宁夏、甘肃、陕西北部·内蒙古中部西部亡于蒙古

任数	庙号	尊号	姓名	亲属	在位起讫	即位去位年龄	在位年	年号	备注
			拓跋彝兴	五世祖 拓跋思恭					
			李光睿	父　拓跋彝兴					
			李继筠	父　李光睿					
			李继捧 (赵保忠)	父　李光睿 兄　李继筠					
	太祖	神武皇帝	李继迁 (赵保吉)	高祖　拓跋思忠 父　李光俨 族兄　李继捧					
	太宗	光圣皇帝	李德明 (昭)	父　李继迁 母　野利氏	1004.1 1032.11	23 51	29		
1	景宗	武烈皇帝	李元昊 (曩宵)	父　李德明 母　卫慕氏	1032.11 1048.1	30 46	17	显道(1032) 开运(1034) 广运(1034) 大庆(1036) 天授礼法延祚(1038)	

2	毅宗	昭英皇帝	李谅祚	父　李元昊 母　没藏氏	1048.4 1067.12	1 20	20	延嗣宁国(1049) 天祐垂圣(1050) 福圣承道(1053) 𢀬都(1057) 拱化(1063)	
3	惠宗	康靖皇帝	李秉常	父　李谅祚 母　梁氏	1067.12 1086.7	7 26	20	乾道(1068) 天赐礼盛 国庆(1070) 大安(1075) 天安礼定(1086)	
4	崇宗	圣文皇帝	李乾顺	父　李秉常 母　梁氏	1086.7 1139.6	4 57	54	天仪治平(1087) 天祐民安(1091) 永安(1099) 贞观(1101) 雍宁(1115) 元德(1120) 正德(1127) 大德(1137)	
5	仁宗	圣德皇帝	李仁孝	父　李乾顺 母　曹氏	1139.6 1193.9	16 70	55	大庆(1140) 人庆(1144) 天盛(1149) 乾祐(1170)	
6	桓宗	昭简皇帝	李纯祐	父　李仁孝 母　罗氏	1193.9 1206.1	17 30	14	天庆(1194)	废死
7	襄宗	敬慕皇帝	李安全	祖父　李乾顺 父　李仁友	1206.1 1211.8	37 43	6	应天(1206) 皇建(1210)	

8	神宗	英文皇帝	李遵顼	父　李彦宗	1211.8 1223.12	49 61	13	光定(1211)	1226年，卒，年64
9	献宗		李德旺	父　李遵顼	1223.12 1226.7	43 46	4	乾定(1223)	忧卒
10		南平王	李睍	伯父　李德旺	1226.7 1227.6		2	宝义(1226)	被杀

金

共10任君　10帝　1115—1234　立国120年

建都:黑龙江阿城、北京　疆域:东北、华北　亡于蒙古

任数	庙号	尊号	姓名	亲属	在位起讫	即位去位年龄	在位年	年号	备注
	始祖	懿宪景元皇帝	完颜函普						
		渊穆玄德皇帝	完颜乌鲁	父　完颜函普					
		和靖庆安皇帝	完颜跋海	父　完颜乌鲁					
	献祖	纯烈定昭皇帝	完颜绥可	父　完颜跋海					
	昭祖	武惠成襄皇帝	完颜石鲁	父　完颜绥可					
	景祖	英烈惠桓皇帝	完颜乌古乃	父　完颜石鲁					

	世祖	神武圣肃皇帝	完颜劾里钵	父　完颜乌古乃					
	肃宗	明睿穆宪皇帝	完颜颇剌淑	父　完颜乌古乃					
	穆宗 仁祖	顺章孝平皇帝	完颜盈歌	父　完颜乌古乃					
	康宗	献敏恭简皇帝	完颜乌雅束	父　完颜劾里钵					
1	太祖	应乾兴运昭德定功仁明庄孝大圣武元皇帝	完颜旻 （阿骨打）	父　完颜劾里钵 母　拏懒氏	1115.1 1123.8	48 56	9	收国(1115) 天辅(1117)	

2	太宗	体元应运世德昭功哲惠仁圣文烈皇帝	完颜晟(吴乞买)	父　完颜劾里钵 母　拏懒氏	1123.8 1135.1	49 61	13	天会(1123)	
	徽宗	景宣皇帝	完颜宗峻	父　完颜旻 母　唐括氏					丰王
3	熙宗	弘基缵武庄靖孝成皇帝	完颜亶	父　完颜宗峻 母　蒲察氏	1135.1 1149.12	17 31	15	天眷(1138) 皇统(1141)	被杀
	德宗	宪古弘道文昭武烈章孝睿明皇帝·明肃皇帝	完颜宗乾	父　完颜旻					辽王

4		圣文神武皇帝·海陵王	完颜亮	父 完颜宗乾 母 大氏	1149.12 1161.11	28 40	13	天德(1149) 贞元(1153) 正隆(1156)	被杀
	睿宗	立德显仁启圣广运文武简肃皇帝	完颜宗尧(辅)	父 完颜旻 母 仆散氏					许王
5	世宗	光天兴运文德武功圣明仁孝皇帝	完颜雍(褒)	父 完颜宗尧 母 李氏	1161.10 1189.1	39 67	29	大定(1161)	
	显宗	体道弘仁英文睿德光孝皇帝	完颜允恭	父 完颜雍 母 乌林答氏					太子

6	章宗	宪天光运仁文义武神圣英孝皇帝	完颜璟	父 完颜允恭 母 徒单氏	1189.1 1208.11	22 41	20	明昌(1190) 承安(1196) 泰和(1201)	
7		卫绍王	完颜永济	父 完颜雍 母 李氏	1208.11 1213.8	56 61	6	大安(1209) 崇庆(1212) 至宁(1213)	被杀
8	宣宗	继天兴统述道勤仁英武圣孝皇帝	完颜珣	父 完颜允恭 母 刘氏	1213.8 1223.12	51 61	11	贞祐(1213) 兴定(1217) 元光(1222)	
9	哀宗 义宗		完颜守绪	父 完颜珣 母 王氏	1223.12 1234.1	26 37	12	正大(1224) 开兴(1232) 天兴(1232)	自缢
10			完颜承麟		1234.1 1234.1		1天	盛昌(1234)	战死

齐(刘齐)

共1任君　1帝　1130—1137　立国8年

建都:河南开封　疆域:河南、山东、河北　亡于金

任数	庙号	尊号	姓名	亲属	在位起讫	即位去位年龄	在位年	年号	备注
1			刘豫	母　翟氏	1130.7 1137.11	58 65	8	阜昌(1131)	1142年,卒,年71

元(蒙古)

共20任君 2后17帝 1206—1381 自开国至全部退出中国本部共176年

建都:蒙古哈尔和林、北京 疆域:全国 被逐于明

任数	庙号	尊号	姓名	亲属	在位起讫	即位去位年龄	在位年	年号	备注
	烈祖	神元皇帝	奇渥温也速该	父 把尔坛 母 巴儿忽					
1	太祖	法天启运圣武皇帝成吉思可汗	奇渥温铁木真	父 也速该 母 诃额伦	1206.1 1227.7	52 73	22	元年(1206)	
2	太宗	英文皇帝木亦坚可汗	奇渥温窝阔台	父 铁木真 母 孛儿台	1229.8 1241.11	44 56	13	元年(1229)	
3		昭慈皇后	乃马真朵列格捏	夫 窝阔台	1241.11 1246.7		6	元年(1242)	
4	定宗	简平皇帝	奇渥温贵由	父 窝阔台 母 乃马真	1246.7 1248.3	41 43	3	元年(1246)	
5		钦淑皇后	斡兀立海迷失	夫 贵由	1248.3 1251.6		4	元年(1249)	

	睿宗	仁圣景襄皇帝	奇渥温 拖雷	父　铁木真 母　孛儿台					太子
6	宪宗	桓肃皇帝	奇渥温 蒙哥	父　拖雷 母　客亦烈	1251.6 1259.7	44 52	9	元年(1251)	
7	世祖	圣德神功文武皇帝薛禅可汗	奇渥温 忽必烈	父　拖雷 母　客亦烈 兄　蒙哥	1260.3 1294.1	46 80	35	中统(1260) 至元(1264)	
	裕宗	文惠明孝皇帝	奇渥温 真金	父　忽必烈 母　弘吉剌					明孝太子
8	成宗	钦明广孝皇帝完泽笃可汗	奇渥温 铁木儿	父　真金 母　弘吉剌	1294.4 1307.1	29 42	14	元贞(1295) 大德(1297)	
	顺宗	昭圣衍孝皇帝	奇渥温 答剌麻八拉	父　真金 母　弘吉剌					

9	武宗	仁惠孝宣皇帝曲律可汗	奇渥温海山	父 答刺麻八拉 母 弘吉剌	1307.5 1311.1	27 31	5	至大(1308)	
10	仁宗	圣文钦孝皇帝普颜笃可汗	奇渥温爱育黎拔力八达	父 答刺麻八拉 母 弘吉剌	1311.3 1320.1	26 35	10	皇庆(1312) 延祐(1314)	
11	英宗	睿圣文孝皇帝格坚可汗	奇渥温硕德八剌	父 爱育黎拔力八达 母 弘吉剌	1320.3 1323.8	18 21	4	至治(1321)	被杀
	显宗	光圣仁孝皇帝	奇渥温甘麻拉	父 真金 母 弘吉剌					晋王
12		泰定皇帝	奇渥温也孙铁木儿	父 甘麻剌 母 弘吉剌	1323.9 1328.7	31 36	6	泰定(1324) 致和(1328)	
13		少帝	奇渥温阿速吉八	父 也孙铁木儿	1328.8 1328.10	9 9	3月	天顺(1328)	失踪

14	文宗	圣明元孝皇帝札牙笃可汗	奇渥温图铁木儿	父　海山 母　唐兀	1328.9 1329.2	25 26	6月	天历(1328)	
15	明宗	翼献景孝皇帝护都笃可汗	奇渥温和世球	父　海山 母　亦乞烈	1329.1 1329.8	30 30	8月		被杀
16		(二)	奇渥温图铁木儿		1329.8 1332.10	26 29	4	至顺(1230)	
17	宁宗	冲圣嗣孝皇帝	奇渥温懿璘质班	父　和世球 母　乃蛮真	1332.10 1332.11	7 7	43天		
18	惠宗	顺皇帝乌哈图可汗	奇渥温脱欢铁木儿	父　和世球 母　罕禄鲁	1333.6 1370.4	14 51	38	元统(1333) 至元(1335) 至正(1341)	
19	昭宗	必里克图可汗	奇渥温爱猷识理达腊	父　脱欢铁木儿 母　奇氏	1370.4 1378.4		9	宣光(1371)	
20		乌萨哈尔可汗	奇渥温脱古思铁木儿	父　脱欢铁木儿	1378 1387		10	天元(1379)	1381年，退出中国本土

天完 (元末四国)

共1任君 1帝 1351—1360 立国10年

建都:湖北浠水 疆域:湖北、湖南、江西 亡于陈汉

任数	庙号	尊号	姓名	亲属	在位起讫	即位去位年龄	在位年	年号	备注
1			徐寿辉		1351.8 1360.5		10	治平(1351)	被杀

宋(韩宋) (元末四国)

共1任君 1帝 1355—1366 立国12年

建都:安徽寿县 疆域:河南、山东、江苏、安徽 亡于明

任数	庙号	尊号	姓名	亲属	在位起讫	即位去位年龄	在位年	年号	备注
1		小明王	韩林儿	父 韩山童 母 杨氏	1355.2 1366.12		12	龙凤(1355)	被杀

汉(陈汉) (元末四国)

共2任君 2帝 1360—1364 立国5年

建都:湖北武汉 疆域:华中 亡于韩宋

任数	庙号	尊号	姓名	亲属	在位起讫	即位去位年龄	在位年	年号	备注
1			陈友谅	父 陈普才	1360.5 1363.8	45 48	4	大义(1360) 大定(1361)	战死
2			陈理	父 陈友谅	1363.8 1364.2		7月	德寿(1363)	

夏(明夏)　(元末四国)

共2任君　2帝　1362—1371　立国10年

建都:四川重庆　疆域:四川　亡于明

任数	庙号	尊号	姓名	亲属	在位起讫	即位去位年龄	在位年	年号	备注
1	太祖		明玉珍		1362.3 1366.2	32 36	5	天统(1362)	
2			明昇	父　明玉珍 母　彭氏	1366.2 1371.6	10 15	6	开熙(1366)	

明

共20任君　19帝　1368—1661　立国294年

建都:江苏南京、北京　疆域:全国　亡于清

任数	庙号	尊号	姓名	亲属	在位起讫	即位去位年龄	在位年	年号	备注
	德祖	元皇帝	朱百六						
	懿祖	恒皇帝	朱四九						
	熙祖	裕皇帝	朱初一						
	仁祖	淳皇帝	朱世珍						元·游民
1	太祖	开天行道肇纪立极大圣至神仁文义武俊德成功高皇帝	朱元璋	父　朱世珍 母　陈氏	1368.1 1398.5	41 71	31	洪武(1368)	
	兴宗	孝康皇帝	朱标	父　朱元璋 母　马氏					懿文太子

2		恭闵惠皇帝	朱允炆	父　朱标 母　吕氏	1398.5 1402.6	22 26	5	建文(1399)	失踪
3	太宗 成祖	启天弘道高明肇运圣武神功纯仁至孝文皇帝	朱棣	父　朱元璋 母　马氏 兄　朱标	1402.6 1424.7	43 65	23	永乐(1403)	
4	仁宗	敬天体道纯诚至德弘文钦武章圣达孝昭皇帝	朱高炽	父　朱棣 母　徐氏	1424.8 1425.6	47 48	2	洪熙(1425)	

5	宣宗	宪天崇道英明神圣钦文昭武宽仁纯孝章皇帝	朱瞻基	父 朱高炽 母 张氏	1425.6 1435.1	28 38	11	宣德(1426)	
6	英宗	法天立道仁明诚敬昭文宪武至德广孝睿皇帝	朱祁镇	父 朱瞻基 母 孙氏	1435.1 1449.8	9 23	15	正统(1436)	被掳
7	代宗	恭仁康定景皇帝·郕王	朱祁钰	父 朱瞻基 母 吴氏 兄 朱祁镇	1449.9 1457.2	22 30	9	景泰(1450)	
8		(二)	朱祁镇		1457.1 1464.1	31 38	8	天顺(1457)	

9	宪宗	继天凝道诚明仁敬崇文肃武宏德圣孝纯皇帝	朱见深	父　朱祁镇 母　周氏	1464.1 1487.8	18 41	24	成化(1465)	
10	孝宗	建天明道诚纯中正圣文神武至仁大德敬皇帝	朱祐樘	父　朱见深 母　纪氏	1487.9 1505.5	18 36	19	弘治(1488)	
11	武宗	承天达道英肃睿哲昭德显功弘文思孝毅皇帝	朱厚照	父　朱祐樘 母　张氏	1505.5 1521.3	15 31	17	正德(1506)	

	睿宗	兴献皇帝	朱祐杬	父 朱见深 母 邵氏					兴王
12	世宗	钦天履道英毅圣神宣文广武洪仁大孝肃皇帝	朱厚熜	父 朱祐杬 母 蒋氏	1521.4 1566.12	15 60	46	嘉靖(1522)	
13	穆宗	契天隆道渊懿宽仁显文光武纯德弘孝庄皇帝	朱载垕	父 朱厚熜 母 杜氏	1566.12 1572.5	20 36	7	隆庆(1567)	

14	神宗	范天合道哲肃敦简光文章武安仁止孝显皇帝	朱翊钧	父 朱载垕 母 李氏	1572.6 1620.7	10 58	49	万历(1573)	
15	光宗	崇天契道英睿恭纯宪文景武渊仁懿孝贞皇帝	朱常洛	父 朱翊钧 母 王氏	1620.8 1620.9	39	30 天	泰昌(1620)	

16	熹宗	达天闻道敦孝笃友章文襄武靖穆庄勤悊皇帝	朱由校	父　朱常洛 母　王氏	1620.9 1627.8	16 23	8	天启(1621)	
17	毅宗 思宗 怀宗	守道敬俭宽文襄武体仁致孝庄烈愍皇帝	朱由检	父　朱常洛 母　刘氏	1627.8 1644.3	19 36	18	崇祯(1628)	自缢
18	安宗	圣安简皇帝·赧皇帝·福王	朱由崧	祖父　朱翊钧 父　朱常洵	1644.5 1645.5		2	弘光(1645)	1646年，被杀

19	绍宗	思文襄皇帝·唐王	朱聿键	九世祖 朱元璋	1645.6 1646.9	44 45	2	隆武(1645)	被杀
20		桂王·永明王	朱由榔	祖父　朱翊钧 父　朱常瀛 母　王氏	1646.11 1661.12	21 37	16	永历(1647)	1662年，被杀，年38

清

姓:爱新觉罗　共12任君　1可汗11帝　1616—1911　立国296年

建都:北京　疆域:全国　亡于中华民国

任数	庙号	尊号	姓名	亲属	在位起讫	即位去位年龄	在位年	年号	备注
	肇祖	原皇帝	孟哥帖木儿						
	兴祖	直皇帝	福满	父　锡宝齐篇古					
	景祖	翼皇帝	觉昌安	父　福满					
	显祖	宣皇帝	塔克世	父　觉昌安					
1	太祖	承天广运圣德神功肇纪立极仁孝睿武端毅钦安弘文定业高皇帝	努尔哈赤	父　塔克世 母　喜塔拉氏	1616 1626	58 68	11	天命(1616)	战死

2	太宗	应天兴国弘德彰武宽温仁圣睿孝敬敏昭定隆道显功文皇帝	皇太极	父 努尔哈赤 母 叶赫氏	1627 1643	36 52	17	天聪(1627) 崇德(1636)	
	成宗	义皇帝	多尔衮	父 努尔哈赤 母 叶赫氏					摄政王
3	世祖	体天隆运定统建极英睿钦文显武大德弘功至仁纯孝章皇帝	福临	父 皇太极 母 博尔济吉特	1643.8 1661.1	6 24	19	顺治(1644)	

4	圣祖	合天弘运文武睿哲恭俭宽裕孝敬诚信功德大成仁皇帝	玄烨	父　福临 母　佟佳氏	1661.1 1722.11	8 69	62	康熙(1662)	
5	世宗	敬天昌运建中表正文武英明宽仁信毅睿圣大孝至诚宪皇帝	胤禛	父　玄烨 母　乌雅氏	1722.11 1735.8	45 58	14	雍正(1723)	

6	高宗	法天隆运至诚先觉体元立极敷文奋武钦明孝慈神至纯皇帝	弘历	父　胤禛 母　钮祜禄氏	1735.8 1795.12	29 85	61	乾隆(1736)	1799年，卒，年89
7	仁宗	受天兴运敷化绥猷崇文经武孝恭勤俭端敏英哲睿皇帝	颙琰 (永)	父　弘历 母　魏佳氏	1796.1 1820.7	37 61	25	嘉庆(1796)	

8	宣宗	效天符运立中体正至文圣武智勇仁慈俭勤孝敏宽成皇帝	绵宁 (旻)	父 颙琰 母 喜塔腊氏	1820.8 1850.1	39 69	31	道光(1821)	
9	文宗	协天翊运执中垂谟懋德振武圣孝渊恭端仁宽敏显皇帝	奕詝	父 绵宁 母 钮祜禄氏	1850.1 1861.7	20 31	12	咸丰(1851)	

10	穆宗	继天开运受中居正保大定功圣智诚孝信敏恭宽毅皇帝	载淳	父　奕詝 母　那拉兰儿	1861.10 1874.12	6 19	14	同治(1862)	
11	德宗	同天崇运大中至正经文纬武仁孝睿智端俭宽勤景皇帝	载湉	祖父　绵宁 父　奕譞 母　那拉氏	1874.12 1908.10	5 39	35	光绪(1875)	

12			溥仪	曾祖父 绵宁 祖父 奕譞 父 载沣 母 苏完瓜尔佳	1908.11 1911.12	3 6	4	宣统(1909)	1967年，卒，年67

太平天国

共2任君　2王　1851—1864　立国14年

建都:江苏南京　疆域:江南地区　亡于清

任数	庙号	尊号	姓名	亲属	在位起讫	即位去位年龄	在位年	年号	备注
1		天王	洪秀全	祖父　洪国游 父　洪竞扬 母　王氏	1851.8 1864.5		14	元年(1851)	自杀
2		天王	洪天贵福(瑱)	父　洪秀全 母　赖氏	1864.5 1864.8		4月		被杀

【附录一】春秋时代重要封国

郑

共28任君　24侯　前806—前375　立国432年

建都:河南新郑　疆域:河南中部　亡于韩

任数	庙号	尊号	姓名	亲属	在位起讫公元前	即位去位年龄	在位年	年号	备注
①		桓公	姬友	父　姬胡 兄　姬静	806 771		36	元年(前806)	都咸林,前773年,迁新郑
②		武公	姬掘突	父　姬友	771 744		28	元年(前770)	
③		庄公	姬寤生	父　姬掘突 母　武姜	744 701 5.7	19 62	44	元年(前743)	
④		昭公	姬忽	父　姬寤生 母　邓女	701.5 701 9.13		5月		出奔
⑤		厉公	姬突	父　姬寤生 母　宋女	701 9.25 697.5		5	元年(前700)	被逐
⑥		(二)	姬忽		697 6.22 695 10.22		3	元年(前696)	被杀
⑦		子亹	姬亹	父　姬寤生 兄　姬忽	695 10.22 694 7.3		2	元年(前694)	被杀
⑧		子仪	姬婴	父　姬寤生 兄　姬亹	697.7 680 6.20		18	元年(前693)	

⑨		(二)	姬突		680 6.20 673 5.27		8	22年(前679)	
⑩		文公	姬捷	父　姬突	673 628 4.15		46	元年(前672)	
⑪		穆公	姬兰	父　姬捷 母　燕姞	628 606 10.23		23	元年(前627)	
⑫		灵公	姬夷	父　姬兰	606 605 6.26		2	元年(前605)	
⑬		襄公	姬坚	父　姬兰 兄　姬夷	605 587 2.25		19	元年(前604)	
⑭		悼公	姬费	父　姬坚	587 585 6.9		3	元年(前586)	
⑮		成公	姬睔	父　姬坚 兄　姬费	585 582秋		4	元年(前584)	被掳
⑯			姬繻	父　姬坚 弟　姬睔	581.3 581.4		2月		被杀
⑰		僖公	姬髡顽 (恽)	父　姬睔	581.4 581 5.11		2月		被逐
⑱		(二)	姬睔		581 5.11 571 7.9		11	4年(前581)	
⑲		(二)	姬髡顽		571 566 12.16		6	元年(前570)	被杀

⑳		简公	姬嘉	父 姬髡顽	566 530 3.27	5 41	37	元年(前565)	
㉑		定公	姬宁	父 姬嘉	530 514 4.14		17	元年(前529)	
㉒		献公	姬虿	父 姬宁	514 501 4.22		14	元年(前513)	
㉓		声公	姬胜	父 姬虿	501 463		39	元年(前500)	
㉔		哀公	姬易	父 姬胜	463 455		9	元年(前462)	被杀
㉕		共公	姬丑	父 姬虿 兄 姬胜	455 424		32	元年(前454)	
㉖		幽公	姬已	父 姬丑	424 423		2	元年(前423)	被杀
㉗		缥公	姬骀	父 姬丑 兄 姬已	423 396		28	元年(前422)	被杀
㉘		康公	姬乙	父 姬丑 兄 姬骀	396 375		22	元年(前395)	

晋

共40任君 40侯 前1112—前376 立国737年

建都:山西侯马 疆域:山西、河北 亡于韩赵魏瓜分

任数	庙号	尊号	姓名	亲属	在位起讫公元前	即位去位年龄	在位年	年号	备注
①		唐侯	姬虞	父 姬发 兄 姬诵	1112				都唐邑
②		晋侯	姬燮	父 姬虞					迁晋邑
③		武侯	姬宁族	父 姬燮					
④		成侯	姬服人	父 姬宁族					迁曲沃
⑤		厉侯	姬福	父 姬服人					
⑥		靖侯	姬宜臼	父 姬福	858 841		18	元年(前855)	
⑦		釐侯	姬司徒	父 姬宜臼	841 823		19	元年(前840)	
⑧		献侯	姬籍	父 姬司徒	823 812		12	元年(前822)	
⑨		穆侯	姬弗生	父 姬籍	812 785		28	元年(前811)	迁绛邑
⑩		殇叔		父 姬籍 兄 姬弗生	785 781		5	元年(前784)	被逐
⑪		文侯	姬仇	父 姬弗生	781 746		36	元年(前780)	

⑫		昭侯	姬伯	父　姬仇	746 739		8	元年(前745)	前739年，分裂，被杀
⑬	翼侯	孝侯	姬平	父　姬伯	739 724		16	元年(前738)	被杀
⑭		鄂侯	姬郄	父　姬平	724 718春		7	元年(前723)	被逐
⑮		哀侯	姬光	父　姬郄	718秋 709春		10	元年(前717)	前717年，都鄂邑，被杀
⑯		小子侯	姬小子	父　姬光	709 705冬		5	元年(前708)	被杀
⑰			姬缗	父　姬郄 兄　姬光	704 679		26	元年(前704)	
⑱		曲沃武公	姬称	曾祖父　姬弗生 祖父　姬成师 父　姬鲋	678冬 677		2	38年(前678)	
⑲		献公	姬诡诸	父　姬称	677 651.9		27	元年(前676)	
⑳			姬奚齐	父　姬诡诸 母　骊姬	651.9 651.10	11 11	2月		被杀
㉑			姬卓子	父　姬诡诸 母　骊姬妹	651.10 651.11		2月		被杀

㉒		惠公	姬夷吾	父 姬诡诸 母 翟狐女妹	651.11 637.9		15	元年(前650)	
㉓		怀公	姬圉	父 姬夷吾 母 梁姬	637.9 636.2		6月	元年(前636)	被杀
㉔		文公	姬重耳	父 姬诡诸 母 翟狐女妹	636.2 628 12.9	62 70	9	元年(前635)	
㉕		襄公	姬欢	父 姬重耳	628 621 8.14		8	元年(前627)	
㉖		灵公	姬夷皋	父 姬欢 母 缪嬴	620 607 9.26		14	元年(前620)	被杀
㉗		成公	姬黑臀	父 姬重耳 兄 姬欢 母 周女	607 600.9		8	元年(前606)	
㉘		景公	姬獳	父 姬黑臀	600 581 6.6		20	元年(前599)	前585年,迁新田
㉙		厉公	姬寿曼(州蒲)	父 姬獳	581 573 1.5		9	元年(前580)	被杀
㉚		悼公	姬周	曾祖父 姬欢 祖父 姬捷 父 姬谈	573 558 11.9	14 29	16	元年(前572)	
㉛		平公	姬彪	父 姬周	558 532 7.3		27	元年(前557)	
㉜		昭公	姬夷	父 姬彪	532 526 8.20		7	元年(前531)	

㉝		顷公	姬去疾	父　姬夷	526 512 6.22		15	元年(前525)	
㉞		定公	姬午	父　姬去疾	512 475		38	元年(前511)	
㉟		出公	姬错	父　姬午	475 458		18	元年(前474)	被逐
㊱		哀公·敬公	姬骄	曾祖父　姬夷	458 440		19	元年(前457)	
㊲		幽公	姬柳	父　姬骄 妻　秦嬴	440 422		19	元年(前439)	被杀
㊳		烈公	姬止	父　姬柳	422 393		30	元年(前421)	
㊴		孝公	姬倾(顷)	父　姬止	393 378		16	元年(前392)	
㊵		静公·靖公	姬俱酒	父　姬倾	378 376		3	元年(前377)	

齐

共32任君 32侯 前1122—前379 立国744年

建都:山东淄博 疆域:山东 亡于战国齐

任数	庙号	尊号	姓名	亲属	在位起讫公元前	即位去位年龄	在位年	年号	备注
①		太公	姜尚(吕)		1122 1073	92 141	50	元年(前1122)	原都吕邑,后迁营丘
②		丁公	姜吕伋	父 姜尚					
③		乙公	姜得	父 姜吕伋					
④		癸公	姜慈母	父 姜得					
⑤		哀公	姜不辰	父 姜慈母	913				被烹
⑥		胡公	姜静	父 姜慈母 母 姜不辰	857				被杀
⑦		献公	姜山	父 姜慈母 母 姜不辰	857 851		7	元年(前856)	前856年,迁临淄
⑧		武公	姜寿	父 姜山	851 825		27	元年(前850)	
⑨		厉公	姜无忌	父 姜寿	825 816		10	元年(前824)	被杀
⑩		文公	姜赤	父 姜无忌	816 804		13	元年(前815)	

⑪		成公	姜脱(说)	父 姜赤	804 795		10	元年(前803)	
⑫		庄公	姜购	父 姜脱 母 郿声姬	795 731		65	元年(前794)	
⑬		僖公	姜禄甫	父 姜购	731 698 12.2		34	元年(前730)	
⑭		襄公	姜诸儿	父 姜禄甫	698 686 11.7		13	元年(前697)	被杀
⑮			姜无知	父 姜夷仲年 伯父 姜禄甫	686.12 685.1		2月		被杀
⑯		桓公	姜小白	父 姜禄甫 兄 姜诸儿 母 卫女	685夏 643 10.7		43	元年(前685)	饿死
⑰			姜无亏	父 姜小白 母 长卫姬	643.10 642.3		6月		被杀
⑱		孝公	姜昭	父 姜小白 母 郑姬	642.5 633 6.18		10	元年(前642)	
⑲		昭公	姜潘	父 姜小白 母 葛嬴	633 613.5		21	元年(前632)	
⑳		齐公	姜舍	父 姜潘 母 鲁淑姬	613.5 613.7		3月		被杀
㉑		懿公	姜商人	父 姜小白 母 密姬 兄 姜潘	613 609 5.15		5	元年(前612)	被杀

㉒		惠公	姜元	父 姜小白 母 少卫姬	609 599 4.14		11	元年(前608)	
㉓		顷公	姜无野	父 姜元 母 萧氏	599 582.7		18	元年(前598)	
㉔		灵公	姜环	父 姜无野 母 声孟子	582 554 7.28		29	元年(前581)	
㉕		庄公	姜光	父 姜环 母 鲁女	554 548 5.17		7	元年(前553)	被杀
㉖		景公	姜杵臼	父 姜环 母 鲁女	548 490 9.24		59	元年(前547)	
㉗		孺公	姜荼	父 姜杵臼 母 芮姬	490.9 489.10		2	元年(前489)	被杀
㉘		悼公	姜阳生	父 姜杵臼	489 485 3.14		5	元年(前488)	被杀
㉙		简公	姜壬	父 姜阳生	485 481.6		5	元年(前484)	被杀
㉚		平公	姜骜	父 姜阳生 兄 姜壬	481 456		26	元年(前480)	
㉛		宣公	姜积	父 姜骜	456 405		52	元年(前455)	
㉜		康公	姜贷	父 姜积	405 379		27	元年(前404)	被放逐

陈

共25任君　25侯　前1122—前534　前529—前478　立国641年

建都:河南淮阳　疆域:河南东部　亡于楚

任数	庙号	尊号	姓名	亲属	在位起讫公元前	即位去位年龄	在位年	年号	备注
始祖		虞舜	姚重华						
①		胡公	妫满		1122				
②		申公	妫犀侯	父　妫满					
③		相公	妫皋羊	父　妫满 兄　妫犀侯					
④		孝公	妫突	父　妫犀侯					
⑤		慎公	妫圉戎	父　妫突					
⑥		幽公	妫宁	父　妫圉戎	852 832		21	元年(前851)	
⑦		釐公	妫孝	父　妫宁	832 796		37	元年(前831)	
⑧		武公	妫灵	父　妫孝	796 781		16	元年(前795)	
⑨		夷公	妫说	父　妫灵	781 778		4	元年(前780)	
⑩		平公	妫燮	父　妫灵 兄　妫说	778 755		24	元年(前777)	
⑪		文公	妫圉	父　妫燮	755 745		11	元年(前754)	

⑫		桓公	妫鲍	父 妫圉	745 707 1.6		39	元年(前744)	
⑬			妫佗	父 妫圉 兄 妫鲍	707 706.8		2		被杀
⑭		厉公	妫跃	父 妫鲍	706 700.8		7	元年(前706)	
⑮		庄公	妫林	父 妫鲍 兄 妫跃	700 693 10.17		8	元年(前699)	
⑯		宣公	妫杵臼	父 妫鲍 兄 妫林	693 648 12.11		46	元年(前692)	
⑰		穆公	妫款	父 妫杵臼	648 632.6		17	元年(前647)	
⑱		共公	妫朔	父 妫款	632 614.5		19	元年(前631)	
⑲		灵公	妫平国	父 妫朔	614 599 5.8		16	元年(前613)	被杀
⑳		成公	妫午	父 妫平国	598.10 569.3		31	元年(前598)	
㉑		哀公	妫弱	父 妫午	569 534 4.3		36	元年(前568)	缢死
㉒			妫留		534 3.16 534.4		1月		被逐
国亡4年(前534.10.17—前529.8)									
㉓		惠公	妫吴	祖父 妫弱 父 妫偃师	529.8 506 1.6		24	元年(前529)	

㉔		怀公	妫柳	父　妫吴	506 502 7.7		5	元年(前505)	入吴,不返
㉕		滑公	妫越	父　妫柳	502 478 7.8		25	元年(前501)	被杀

蔡

共26任君　3伯23侯　前1122—前531　前529—前447　立国675年

建都：河南上蔡　疆域：河南东南部　亡于楚

任数	庙号	尊号	姓名	亲属	在位起讫公元前	即位去位年龄	在位年	年号	备注
①		蔡叔	姬度	父　姬昌 兄　姬发	1122 1112		11		被贬蛮荒
②		蔡仲	姬胡	父　姬度	1112				
③		蔡伯	姬荒	父　姬胡					
④		宫侯		父　姬荒					
⑤		厉侯		父　宫侯					
⑥		武侯		父　厉侯					
⑦		夷侯		父　武侯	838 810		29	元年（前837）	
⑧		釐侯·僖侯	蔡所事	父　夷侯	810 762		49	元年（前809）	
⑨		共侯	蔡兴	父　蔡所事	762 760		3	元年（前761）	
⑩		戴侯		父　蔡兴	760 750		11	元年（前759）	
⑪		宣侯	蔡措父	父　戴侯	750 715 6.2		36	元年（前749）	

⑫		桓侯	蔡封人	父　蔡措父	715 695 6.6		21	元年(前714)	
⑬		哀侯	蔡献舞	兄　蔡封人 妻　陈女	695 675		21	元年(前694)	前684年,被掳,前675年,死
⑭		穆侯·缪侯	蔡肸	父　蔡献舞	675 646冬		30	元年(前674)	
⑮		庄侯	蔡甲午	父　蔡肸	646 612		35	元年(前645)	
⑯		文侯	蔡申	父　蔡甲午	612 592 2.2		21	元年(前611)	
⑰		景侯	蔡固	父　蔡申	592 543.4		50	元年(前591)	被杀
⑱		灵侯	蔡般	父　蔡固	543 531 4.7		13	元年(前542)	被杀
国亡3年(前531.11.20—前529.8)									
⑲		平侯	蔡庐	祖父　蔡般 父　蔡友	529.8 522 11.7		8	元年(前529)	前529年,迁新蔡
⑳			蔡朱	父　蔡庐	522 521冬		2		被逐

㉑		悼侯	蔡东国	祖父　蔡般 父　蔡友	521冬 519.6		3	元年(前521)	
㉒		昭侯	蔡申	父　蔡友 兄　蔡东国	519 491 2.21		29	元年(前518)	前493年,迁下蔡,被杀
㉓		成侯	蔡朔	父　蔡申	491 472		20	元年(前490)	
㉔		声侯	蔡产	父　蔡朔	472 457		16	元年(前471)	
㉕		元侯		父　蔡产	457 451		7	元年(前456)	
㉖		蔡侯	蔡齐	父　元侯	451 447		5	元年(前450)	

曹

共26任君　10伯16侯　前1122—前487　立国636年

建都:山东定陶　疆域:山东省西南部　亡于宋

任数	庙号	尊号	姓名	亲属	在位起讫公元前	即位去位年龄	在位年	年号	备注
①		曹叔	姬振铎	父　姬昌 兄　姬发	1122				
②		太伯	姬脾	父　姬振铎					
③		仲君	曹平	父　姬脾					
④		宫伯	曹侯	父　曹平					
⑤		孝伯	曹云	父　曹侯	865				
⑥		夷伯	曹喜	父　曹云	865 835		31	元年(前864)	
⑦		幽伯	曹强	父　曹云 兄　曹喜	835 826		10	元年(前834)	被杀
⑧		戴伯	曹苏	父　曹云 兄　曹强	826 796		31	元年(前825)	
⑨		惠伯	曹雉	父　曹苏	796 760		37	元年(前795)	
⑩			曹石甫	父　曹雉	760 760		数月		被杀
⑪		缪公	曹武	父　曹雉 兄　曹石甫	760 757		4	元年(前759)	
⑫		桓公	曹终生	父　曹武	757 702 1.6		56	元年(前756)	

⑬		庄公	曹射姑	父　曹终生	702 671.11		32	元年(前701)	
⑭		釐公·僖公	曹夷 (赤)	父　曹射姑	671 662		10	元年(前670)	
⑮		昭公	曹班	父　曹夷	662 653		10	元年(前661)	
⑯		共公	曹襄	父　曹班	653 618.8		36	元年(前652)	
⑰		文公	曹寿	父　曹襄	618 595 5.11		24	元年(前617)	
⑱		宣公	曹卢	父　曹寿	595 578		18	元年(前594)	
⑲		成公	曹负刍	父　曹卢	578 555		24	元年(前577)	
⑳		武公	曹滕	父　曹负刍	555 528.3		28	元年(前554)	
㉑		平公	曹须	父　曹滕	528 524.3		5	元年(前527)	
㉒		悼公	曹午	父　曹须	524 515.10		10	元年(前523)	入宋，不返
㉓		声公	曹野	父　曹须 兄　曹午	515 510		6	元年(前514)	被杀
㉔		隐公	曹通	父　曹滕 兄　曹须	510 506		5	元年(前509)	被杀
㉕		靖公	曹露	父　曹须 兄　曹野	506 502.3		5	元年(前505)	
㉖		曹伯	曹阳	父　曹露	502 487.1		16	元年(前501)	被杀

鲁

共37任君　37侯　前1108—前249　立国864年

建都:山东曲阜　疆域:山东西部　亡于楚

任数	庙号	尊号	姓名	亲属	在位起讫公元前	即位去位年龄	在位年	年号	备注
		周公	姬旦	父　姬昌 兄　姬发					
①		鲁公	姬伯禽	父　姬旦	1108 1063		46	元年(前1108)	原都鲁山,后迁曲阜
②		考公	姬酋	父　姬伯禽	1063 1059		5	元年(前1062)	
③		炀公	姬熙	父　姬伯禽 兄　姬酋	1059 999		61	元年(前1058)	
④		幽公	姬宰	父　姬熙	999 985		15	元年(前998)	被杀
⑤		微公	姬茀	父　姬熙 兄　姬宰	985 933		53	元年(前984)	
⑥		厉公	姬擢	父　姬茀	933 895		39	元年(前932)	
⑦		献公	姬具	父　姬茀 兄　姬擢	895 845		51	元年(前894)	
⑧		慎公	姬濞	父　姬具	845 818		28	元年(前844)	
⑨		武公	姬敖	父　姬具 兄　姬濞	818 816		3	元年(前817)	

⑩		懿公	姬戏	父 姬敖	816 807		10	元年(前815)	被杀
⑪			姬伯御	父 姬括 叔 姬戏	807 796		12	元年(前806)	被杀
⑫		孝公	姬称	父 姬敖 兄 姬戏	796 769		28	元年(前795)	
⑬		惠公	姬弗湟	父 姬称	769 723		47	元年(前768)	
⑭		隐公	姬息姑	父 姬弗湟 母 子声子	723 712 11.15		12	元年(前722)	被杀
⑮		桓公	姬允	父 姬弗湟 母 子仲子 兄 姬息姑 妻 文姜	712 694 4.10		19	元年(前711)	被杀
⑯		庄公	姬同	父 姬允 弟 姬庆父 姬牙 姬友	694 662 8.5	13 45	33	元年(前693)	
⑰			姬般	父 姬同 母 孟任	662.8 662 10.2		3月		被杀
⑱		闵公	姬启	父 姬同 母 齐叔姜	662 660 8.24	9 11	3	元年(前661)	被杀
⑲		僖公	姬申	父 姬同 母 成风 弟 姬启	660 627 12.11		34	元年(前659)	
⑳		文公	姬兴	父 姬申	627 609 2.23		19	元年(前626)	
㉑			姬恶	父 姬兴	609.2 609.10		9月		被杀

㉒		宣公	姬倭	父 姬兴 母 敬嬴	609 591 10.26		19	元年(前608)	
㉓		成公	姬黑肱	父 姬倭 母 穆姜	591 573 8.7		19	元年(前690)	
㉔		襄公	姬午	父 姬黑肱 母 定姒	573 542 6.28	3 34	32	元年(前572)	
㉕			姬野	父 姬午 母 敬归	542.6 542 9.11		4月		被杀
㉖		昭公	姬裯	父 姬午 母 齐归	542.9 513.5	19 48	30	元年(前541)	入晋,不返,前510年,卒
㉗		定公	姬宋	父 姬午 兄 姬裯	509 6.26 495 5.22		15	元年(前509)	
㉘		哀公	姬蒋	父 姬宋	495 468		28	元年(前494)	
㉙		悼公	姬宁	父 姬蒋	468 431		38	元年(前467)	
㉚		元公	姬嘉	父 姬宁	431 410		22	元年(前430)	
㉛		穆公	姬显	父 姬嘉	410 377		34	元年(前409)	
㉜		共公	姬奋	父 姬显	377 355		23	元年(前376)	

㉝		康公	姬毛	父　姬奋	355 346		10	元年(前354)	
㉞		景公	姬匽	父　姬毛	346 317		30	元年(前345)	
㉟		平公	姬旅	父　姬匽	317 297		21	元年(前316)	
㊱		滑公	姬贾	父　姬旅	297 274		24	元年(前296)	
㊲		顷公	姬雠	父　姬贾	274 249		26	元年(前273)	前255年，迁莒城

卫

共48任君 7伯33侯4君 前1112—前209 立国904年

建都:河南濮阳 疆域:河南北部 亡于秦

任数	庙号	尊号	姓名	亲属	在位起讫公元前	即位去位年龄	在位年	年号	备注
①		康叔	姬封	父 姬昌 兄 姬发	1112				初都康邑,后都沬邑(朝歌)
②		康伯	姬牟	父 姬封					
③		孝伯		父 姬牟					
④		嗣伯		父 孝伯					
⑤		庚伯		父 嗣伯					
⑥		靖伯		父 庚伯					
⑦		贞伯		父 靖伯					
⑧		顷侯		父 贞伯	864 855		10	元年(前863)	
⑨		釐侯		父 顷侯	855 813		43	元年(前854)	
⑩		共伯	卫余	父 釐侯	813 813		数月		被杀
⑪		武公	卫和	父 釐侯 兄 卫余	813 758	40 95	56	元年(前812)	

⑫		庄公	卫杨	父　卫和	758 735		24	元年（前757）	
⑬		桓公	卫完	父　卫杨 母　戴妫	735 719 3.16		17	元年（前734）	被杀
⑭			卫州吁	父　卫杨	719.3 719.9		7月		被杀
⑮		宣公	卫晋	父　卫杨 子　卫伋 （卫急子）	719.12 700 11.18		20	元年（前718）	
⑯		惠公	卫朔	父　卫晋 母　齐女	700 696.11	15 19	5	元年（前699）	被逐
⑰			卫黔牟 （留）	父　卫晋 兄　卫伋	696.11 688.6		9	元年（前695）	被逐
⑱		（二）	卫朔		688.6 669 5.12	27 46	20	十三年 （前687）	
⑲		懿公	卫赤	父　卫朔	669 660.12		10	元年（前668）	被杀
⑳		戴公	卫申	祖父　卫晋 伯父　卫黔牟 父　卫顽	660.12 660.12		1月		前660年，迁漕邑
㉑		文公	卫毁	父　卫顽 兄　卫申	660.12 635 4.19		26	元年（前659）	前658年，迁楚丘
㉒		成公	卫郑	父　卫毁	635 632冬		4	元年（前634）	被俘

㉓			卫瑕		632 630 秋		3	元年(前 631)	被杀
㉔		(二)	卫郑		630 600 10.15		31	五年(前 630)	前629年12月,迁帝丘
㉕		穆公	卫遫	父 卫郑	600 589 9.5		12	元年(前 599)	
㉖		定公	卫臧	父 卫遫	589 577 10.16		13	元年(前 588)	
㉗		献公	卫衎	父 卫臧 母 定姜	577 559 4.26		19	元年(前 576)	被逐
㉘		殇公	卫秋 (剽)	祖父 卫遬 兄 卫臧	559 547 2.7		13	元年(前 558)	被杀
㉙		(二)	卫衎		547 2.10 544 6.5		4	31 年(前 546)	
㉚		襄公	卫恶	父 卫衎	544 535.8		10	元年(前 543)	
㉛		灵公	卫元	父 卫恶	535 493		43	元年(前 534)	
㉜		出公	卫辄	祖父 卫元 父 卫蒯聩	493 480		14	元年(前 492)	被逐

㉝		庄公	卫蒯聩	父 卫元 妻 庄姜 子 卫辄	479 1.29 478.11		2	元年(前479)	被杀
㉞			卫般师	祖父 卫恶	478.11 478.12		2月		被掳
㉟			卫起	父 卫元	478.12 477.4		5月	元年(前477)	被逐
㊱		(二)	卫辄		477 470 5.25		8	十六年 (前477)	被逐
㊲		悼公	卫黔	父 卫元 兄 卫蒯聩 侄 卫辄	469 451		19	元年(前468)	
㊳		敬公	卫弗	父 卫黔	451 432		20	元年(前450)	
㊴		昭公	卫纠	父 卫弗	432 426		7	元年(前431)	被杀
㊵		怀公	卫亹		426 415		12	元年(前425)	被杀
㊶		慎公	卫颓	祖父 卫弗 父 卫适	415 373		43	元年(前414)	
㊷		声公	卫训	父 卫颓	373 362		12	元年(前372)	
㊸		成侯	卫速 (不逝)	父 卫训	362 333		30	元年(前361)	
㊹		平侯		父 卫速	333 325		9	元年(前332)	
㊺		嗣君		父 平侯	325 283		43	元年(前324)	

㊻		怀君		父　嗣君	283 252		32	元年(前282)	被杀
㊼		元君		父　嗣君 兄　怀君	252 230		23	元年(前251)	前241年，迁野王
㊽		卫角		父　元君	230 209		22	元年(前229)	

【附录二】春秋时代次要封国

三画

封国名	现在地址	爵位	姓	备注	周政府所封国
凡	河南辉县西南十公里凡城	伯	姬		
大荔	陕西大荔东二十公里朝邑镇			亡于秦	
山戎	河北卢龙				
大戎	陕西延安境		姬		
小戎	甘肃敦煌	子	允	后迁河南伊川	
于	河南内乡于村				
于馀邱	山东临沭南				
义渠	甘肃西峰			前327年,亡于秦	

四画

封国名	现在地址	爵位	姓	备注	周政府所封国
介	山东胶州西南二十五公里黔陬城			亡于齐	
六	安徽六安北城北镇		偃	前622年,亡于楚	
巴	四川重庆	子	姬	亡于秦	
毛	(畿内国)河南宜阳北	伯	姬	原在陕西,东周迁。亡于秦	
尹	(畿内国)河南新安西南十四公里				

犬戎	甘肃东境				
仇犹（厹由）	山西盂县			前458年，亡于晋	
不羹	河南襄城东八公里不羹城			亡于楚	
无终	山西太原东	子		后迁天津蓟县，又迁河北崇礼。亡于燕	
邓	湖北襄樊西北七公里	侯	曼	前678年，亡于楚	

五画

甘	（畿内国）河南洛阳西南五公里				
召	（畿内国）陕西凤翔			后迁山西垣曲东	
申	谢城，河南南阳东北十公里故申城	侯	姜	前688年，亡于楚	
代	河北蔚县东北十二公里代王城			前472年，亡于晋	
北狄	山西大同				
甲氏	河北			赤狄群。前593年，亡于晋	
厉	湖北随州东北十五公里厉乡		姜	亡于楚	
卢戎	湖北襄樊西南十二公里	子	妫	亡于楚	

六画

共	河南辉县	伯			

向	山东莒南东北十五公里向城		姜	亡于莒	
向			姜		
州	淳于,山东安丘东北七公里淳于城	公	姜	前707年,亡于杞	
州	湖北洪湖东北十五公里州陵城			群蛮。亡于楚	
州来	安徽凤台			前529年,亡于吴	
百濮	湖南常德			亡于楚	
夷	山东即墨西二十五公里壮武故城		妘		
戎	山东曹西北四十公里楚丘城			前668年,亡于鲁	
江	河南正阳南三十三公里		嬴	前623年,亡于楚	
任	山东济宁东南二十公里	附庸	风	亡于齐	
邘	河南沁阳西北十一公里邘台村		姬	亡于晋	
牟	山东莱芜东十公里牟城	附庸			
成	(畿内国)河南洛阳境				
戎蛮子(曼子)	河南汝阳东南蛮城			前491年,亡于楚	
邢	邢丘,河南温县东北十四公里平皋城	侯	姬	后迁河北邢台。前659年,再迁夷仪(山东聊城西南八公里)。前635年,亡于卫。	

吕	河南南阳西十公里吕城	子	姜	前688年,亡于楚	
邶				亡于卫	·
纪	山东寿光南十五公里纪台村	侯	姜	前690年,亡于齐	
毕	陕西咸阳北三公里		姬	亡于秦	·
许	许丘,河南许昌东十七公里	男	姜	前576年,迁叶邑(河南叶县西南十五公里旧县)。前533年,再迁夷城(安徽亳州东南城父)。前531年,三迁白羽(河南西峡)。前529年,四迁叶邑,前524年,五迁白羽,前506年,六迁容城(河南鲁山)。前504年,亡于郑	
阳	山东沂南南十五公里		姬	前660年,亡于齐	
过	山东莱州北				
巩	(畿内国)河南巩义				
刘	(畿内国)河南偃师南十七公里刘聚	子	姬		
权	湖北荆门东南十五公里		偃	楚武王迁至那处,荆门市东南二十七公里。亡于楚	

七画

狄(赤狄)	山西长治(山西中南部地区)				
狄(白狄)	陕西延安(陕西、山西北部地区)				

沈	沈丘,安徽临泉	子	嬴	前531年迁楚境,前529年复迁沈丘。前506年,亡于蔡	·
杞	雍丘·河南杞县	伯	姒	前707年,迁淳于(山东安丘东北)。前646年,再迁缘陵(山东昌乐东南二十五公里)。前544年,迁返淳于。前445年,亡于楚	·
杜	陕西西安东南七公里杜陵故城		祁	亡于秦	
彤	陕西华县西南十公里		姒		
豕韦	河南滑县东南		彭		
芮	(畿内国)陕西大荔东南二十七公里故芮城		姬	前640年,亡于秦	·
鄁	河南汤阴东南十五公里		子	西周时,亡于卫	
姒				亡于晋	
邳	江苏睢宁北二十四公里古邳				
陆浑(阴戎)	河南卢氏古陆浑城	子	允	小戎东迁者。前525年,亡于晋	
极	山东金乡东南二十公里	附庸			
扬	山西洪洞东南九公里杨城	侯	姬	亡于晋	·
谷	湖北谷城西北三公里故谷城	伯	嬴	亡于楚	
应	河南鲁山东十二公里应城	侯	姬	亡于楚	·

苏	(畿内国)河南温县西北二十公里				

八画

宗	安徽庐江西境	子		前615年,亡于楚	
肥	河北藁城西南四公里肥累城	子		白狄群。前530年,亡于晋	
弦	河南息县南十五公里	子	隗	前655年,亡于楚	
泫	山西高平			前五世纪,亡于晋	
房	河南遂平			亡于楚	
宛				亡于楚	
邾(邹)	陬·山东曲阜东南二十公里	子	曹	前614年迁绎邑(山东邹城南十二公里峄山),亡于楚	
英氏	安徽金寨南英氏城		偃	亡于楚	
邿	山东济宁东南二十五公里	附庸	妊	前560年,亡于鲁	
苴	陕西汉中			亡于秦	
茅	山东钜野南四十公里	伯	姬	鲁莒二国瓜分	·
茅戎	山西平陆南三公里茅城				
郜	山东成武东南十公里北郜城	子	姬	亡于宋	·
单	(畿内国)河南孟津西南				
郐(桧)	河南新密东南十八公里			前八世纪,亡于郑	

罗	湖北宜城西五公里罗川城		熊	曾迁湖北枝江东北十五公里,又迁湖南汨罗。亡于楚	

九画

胡	河南漯河			前763年,亡于郑	
胡	安徽阜阳西北一公里胡城	子	归	前531年迁楚境,前529年复迁安徽阜阳。前495年,亡于楚	
祝	山东长清				
郕	山东宁阳北五公里盛乡城	子	姬	前七世纪,亡于齐	·
柏	河南舞阳东南八公里柏亭	子		亡于楚	
胙	河南延津北十公里	侯	姬	亡于卫	·
姜戎		子	姜	陆浑戎别部	
莒	山东莒县	子	己	初姓嬴。前431年,亡于楚	
贰	湖北广水境		匽	亡于楚	
轸	湖北应城西		匽	亡于楚	
绞	湖北郧县西北			亡于楚	
项	河南沈丘	子	姞	前643年,亡于鲁	
须句	山东东平西北朐城	附庸	风	后迁山东东平须句城。前620年,亡于鲁	
郧(云)	湖北郧县	子		前七世纪,亡于楚	

钟吾	江苏新沂南二十公里司吾城	子		前512年,亡于吴	
钟离	安徽凤阳东北八公里临淮关		嬴	前518年,亡于吴	

十画

桐	安徽桐城北		偃	亡于吴	
唐	河南泌阳境	侯	祁	后迁湖北随州西北四十公里唐镇。前505年,亡于楚	
原	河南济源西北八公里原	伯	姬	亡于晋	·
息	河南息县	侯	姬	前680年,亡于楚	
荀(郇)	山西新绛西十公里	侯	姬	亡于晋	·
耿	山西河津东南三公里耿乡城	侯	姬	前661年,亡于晋	·
徐(徐方)	江苏泗洪南十五公里	子	嬴	前512年,亡于吴。同年迁至夷邑(安徽亳州东南城父)	
留吁	山西屯留东南九公里纯留城			赤狄群。前593年,亡于晋	
根牟	山东莒县西南二十七公里牟	附庸		前600年,亡于鲁	
聃(冉)	那处,湖北荆门东南二十七公里那口城		姬	前八世纪末,前七世纪初亡	
皋落	山西垣曲东南六公里皋落			赤狄群。最初在山西昔阳东南二十五公里皋落。亡于晋	

莘(有莘)	陕西合阳东南有莘里		姒		
郯	山东郯城西南十五公里古郯城	子	己	初姓嬴。前414年,亡于越	
郳(小邾)	山东滕州东三公里郳城	附庸	曹	亡于楚	
莱	山东平度东三十五公里	子	姜	前567年,亡于齐	
鄀	商密,下鄀,河南淅川西南十七公里	子	允	前622年,迁上鄀,湖北钟祥西北三十八公里鄀县故城。亡于楚	
顿	河南商水东十公里	子	姬	前637年迁南顿,河南项城西七公里南顿城。前496年,亡于楚	
贾	山西襄汾西南九公里南贾镇	伯	姬	亡于晋	
铎辰	山西长治东			赤狄群。前593年,亡于晋	
骊戎	陕西临潼东十二公里骊戎城	男	姬	前672年,亡于晋	
郭	山东聊城东北郭城	公		前670年,亡于曹	

十一画

巢(居巢)	安徽巢湖东北二公里居巢城	伯	偃	前518年,亡于吴	
庸	湖北竹山西南十二公里田家坝			前611年,亡于楚	
祭	河南长垣祭城	伯	姬	后迁管城(河南荥阳东北二十五公里)。亡于郑	

宿	山东东平东十公里故无盐城	男	风	前684年,迁于江苏宿迁。亡于齐	
梁	陕西韩城南十公里古少梁城	伯	嬴	前641年,亡于秦	
聃	河南平舆北二十公里		姬	亡于楚	·
崇	陕西户县东二公里				
崇	河南崇县				
密	河南新密东南十二公里		姬	前491年,亡于楚	
密（密须）	甘肃灵台		姬	前944年,亡于周	
偪阳	山东枣庄西南三十五公里故偪阳城	子	妘	前563年,亡于晋	
淮夷	江苏中部境				
偪			姞		
黄	山西			亡于晋	
黄	河南潢川西六公里黄城		嬴	前648年,亡于楚	
鄅	启阳,山东临沂北七公里开阳城	子	姒	亡于鲁	
鄋满（长狄）	山东高苑废临济城		漆	亡于晋	
随	湖北随州南古随城	侯	姬		·
萧	安徽萧县西北五公里萧城	附庸	子	前597年,亡于楚	

铸	山东肥城南二十五公里铸城	子	妊		

十二画

遂	山东肥城西南十五公里遂乡		妫	前681年,亡于齐	
温	河南温县西南十五公里古温城	子	己	前650年,亡于狄	·
焦	河南三门峡南一公里焦城		姬	亡于晋	·
舒	安徽庐江西南十公里	子	偃	前615年,亡于楚	
舒蓼	安徽舒城南		偃	前601年,亡于楚	
舒庸	安徽舒城西南		偃	前574年,亡于楚	
舒鸠	安徽舒城舒鸠城	子	偃	前548年,亡于楚	
舒龙			偃		
舒鲍			偃		
舒龚			偃		
葛	河南宁陵北七公里葛城	附庸	嬴		
道	河南确山东北十公里道城			亡于楚	
蒋	河南淮滨东南十五公里期思城	男	姬	亡于楚	·
韩	陕西韩城南八公里古韩城	侯	姬	原在河北固安东南韩寨营。前760年,亡于晋	·

十三画

鼓	河北晋州	子	祁	白狄群。前520年,亡于晋	

滑	费丘,河南偃师南八公里缑氏镇	伯	姬	前627年,亡于秦	·
雍	河南焦作西南六公里	子	姬	亡于晋	·
虞	夏墟,山西平陆北十五公里古虞城	公	姬	前655年,亡于晋	
蜀	四川成都			亡于秦	
鄟	山东郯城东北	附庸		前585年,亡于鲁	
鄣	山东东平东二十五公里鄣城集	附庸	任	前664年,亡于齐	
蓐				亡于晋	
鄘	河南卫辉境		姬	西周时,亡于卫	·
蒲	山西隰县北			亡于晋	
赖	湖北随州东北	子		前538年,亡于楚	

十四画

滎	河南郑州东北十公里				
翟	山西太原南			白狄群	
管	河南郑州境		姬	亡于郑	
箕	河南登封县境	子	子		
鄫	山东苍山西北十五公里鄫城	子	姒	前567年,亡于莒	
廧咎如	山西太原境		隗	赤狄别种。亡于晋	
鲜虞(中山)	河北正定东北十七公里鲜虞亭		子	白狄群	
谭	山东章丘西十五公里谭城	子	子	前684年,亡于齐	

十五画

滕	山东滕州西南七公里古滕城	侯	姬	前641年,亡于宋	·
虢	河北任丘虢城				
虢(北虢)	夏阳,山西平陆下阳故城	公	姬	前655年,亡于晋	
虢(南虢)	上阳,河南三门峡东南五公里上阳城	公	姬	西虢东迁者。前655年,亡于晋	
虢(东虢)	河南荥阳东北七公里			亡于郑	·
虢(西虢)(小虢)	雍邑,陕西宝鸡西三公里故虢城	公	姬	前687年,亡于秦	·
蓼	河南唐河西南三十公里湖阳镇		偃		
蓼	河南固始东北二十公里蓼城冈			前622年,亡于楚	
髳(髦)	四川重庆境			亡于秦	
樊(阳樊)	(畿内国)阳邑,河南济源西南七公里阳城	侯		前635年,亡于晋	·
黎	山西黎城东北九公里黎侯城	侯		赤狄群。亡于潞氏	
颛臾	山东平邑东五公里颛臾城	附庸	风	亡于鲁	

十六画

霍	山西霍州西南八公里古霍城	伯	姬	前661年,亡于晋	·
燕(南燕)	河南延津东北二十三公里古燕城	伯	姞	前七世纪初,亡于卫	

冀	山西稷山北八公里			亡于晋	
麇	锡穴,陕西白河	子	祈	亡于楚	
潞氏	山西潞城东北十八公里古城		隗	赤狄别种。前594年,亡于晋	
薛	山东枣庄南薛城	侯	任	亡于齐	·

十七画

戴	河南兰考东南两公里戴城		子	前713年,亡于郑	
檀	河南济源西南十七公里	伯			
魏	山西芮城东北三公里古魏城		姬	前661年,亡于晋	·
鄾	湖北襄樊东北			亡于楚	

二十画

酆	(畿内国)陕西户县东北		姬		·

二十一画

夔	湖北秭归东十公里夔子城	子	芈	前634年,亡于楚	

【附录三】边疆诸国

匈奴

共42任君　42单于　前214—后216　立国约430年

建都:(王庭不定)　疆域:长城以北　亡于东汉

任数	尊号	姓名	亲属	在位起讫	即位去位年龄	在位年	备注
1		栾提头曼		前214 前201		14	为子冒顿鸣镝射死
2		栾提冒顿	父　头曼	前201 前174		28	
3	老上单于	栾提稽粥	父　冒顿	前174 前161		14	
4		栾提军臣	父　稽粥	前161 前126		36	
5		栾提伊稚斜	兄　军臣	前126 前114		13	
6		栾提乌维	父　伊稚斜	前114 前105		10	
7	儿单于	栾提乌师庐	父　乌维	前104 前102		3	
8		栾提呴犁湖	父　伊稚斜 兄　乌维	前102 前101		2	
9		栾提且鞮侯	父　伊稚斜 兄　呴犁湖	前101 前96		6	
10		栾提狐鹿姑	父　且鞮侯	前96 前85		12	
11		栾提壶衍提	父　狐鹿姑	前85 前68		18	

12		栾提虚闾权渠	父　狐鹿姑 兄　壶衍提	前68 前60		9	
13	握衍朐提单于	栾提屠耆堂		前60 前58		3	兵败自杀
14	呼韩邪单于	栾提稽侯栅	父　虚闾权渠 妻　王昭君 堂兄　呼屠吾斯	前58 前31		28	五单于并立
	屠耆单于	栾提薄胥堂		前58 前56		3	兵败自杀
	呼揭单于	栾提		前57 前57		1	自去单于号
	车犁单于	栾提		前57 前56		2	降于十四任呼韩邪单于
	乌藉单于	栾提		前57		1	自去单于号
	闰振单于	栾提	从兄　屠耆单于	前56 前54		3	为郅支单于击斩
	郅支骨都侯单于	栾提呼屠吾斯	父　壶衍提 堂弟　稽侯栅	前56 前36		21	为西汉副校尉陈汤击斩传首长安

15	复株累若鞮单于	栾提雕陶莫皋	父　稽侯栅 母　大阏氏 妻　王昭君	前31 前20		12	
16	搜谐若鞮单于	栾提且麋胥	父　稽侯栅 母　大阏氏	前20 前12		9	
17	车牙若鞮单于	栾提且莫车	父　稽侯栅 母　颛渠氏	前12 前8		5	
18	乌珠留若鞮单于	栾提囊知牙斯	父　稽侯栅 母　颛渠氏	前8 13		21	
19	乌累若鞮单于	栾提咸	父　稽侯栅 母　大阏氏	13 18		6	
20	呼都而尸道皋若鞮单于	栾提舆	父　稽侯栅 母　第五阏氏	18 46		29	
21		栾提乌达提侯	父　栾提舆	46		数月	

22	北匈奴	栾提蒲奴	父 栾提舆	46 87		42	自48年,栾提比称可汗,匈奴分为南北。北匈奴蒲奴单于远迁沙漠之北,世系不详。仅知87年,鲜卑击北匈奴,斩优留单于。91年,东汉击北匈奴,北匈奴单于率众西奔,不知去向。(374年,辗转至黑海,引起欧洲民族大迁移)。92年,东汉立于除鞬为北匈奴单于。118年,北匈奴逢侯单于降东汉王朝。南匈奴自始即臣服东汉王朝,直迄于亡。
23	南匈奴呼韩邪单于	栾提比	祖父 稽侯栅 父 囊知牙斯	48 56		9	
24	丘浮尤鞮单于	栾提莫	父 囊知牙斯 兄 栾提比	56 57		2	
25	伊伐于虑鞮单于	栾提汗	父 囊知牙斯 兄 栾提莫	57 59		3	
26	醢僮尸逐侯鞮单于	栾提适	父 栾提比	59 63		5	

27	丘除车林鞮单于	栾提苏	父　栾提莫	63		数月	
28	湖邪尸逐侯鞮单于	栾提长	父　栾提比 兄　栾提适	63 85		23	
29	伊屠于闾鞮单于	栾提宣	父　栾提汗	85 88		4	
30	休兰尸逐侯鞮单于	栾提屯屠何	父　栾提比 兄　栾提长	88 93		6	
31	安国单于	栾提	父　栾提汗 兄　栾提宣	93 94		2	为东汉匈奴中郎将杜崇所陷,被杀
32	亭独尸逐侯鞮单于	栾提师子	父　栾提适	94 98		5	
33	万氏尸逐侯鞮单于	栾提檀	父　栾提长	98 124		27	

34	乌稽尸逐侯鞮单于	栾提拔	父 栾提长 兄 栾提檀	124 128		5	
35	去特若尸逐就单于	栾提休利	父 栾提长 兄 栾提拔	128 140		13	为东汉匈奴中郎将陈龟所杀
36	呼兰若尸逐就单于	栾提兜楼储		143 147		5	
37	伊陵若尸逐就单于	栾提车儿		147 172		26	
38	屠特若尸逐就单于	栾提	父 车儿	172 178		7	
39		栾提呼徵	父 屠特单于	178 179		2	为东汉匈奴中郎将张修所杀
40		栾提羌渠		179 188		10	内乱被杀

41	持至尸逐侯单于	栾提于扶罗 (刘于扶罗)	父　羌渠 子　刘豹 孙　刘渊	188 195		8		
	须卜骨都侯单于	栾提		189 190		2		
42	呼厨泉单于	栾提	父　羌渠	195 216		22		

吐谷浑

共19任君　19可汗　285—663　立国约378年

建都:(王庭不定)　疆域:青海北部西部　亡于吐蕃

任数	尊号	姓名	亲属	在位起讫	即位去位年龄	在位年	备注
		慕容涉归					晋·昌黎公
1	河南王	慕容吐谷浑	父　慕容涉归 弟　慕容廆	285 317	40 72	33	
2	河南王	慕容吐延	父　慕容吐谷浑	317 329		13	被杀
3	吐谷浑王	慕容叶延	父　慕容吐延	329 351	11 33	23	
4	吐谷浑王	慕容辟奚	父　慕容叶延	351 371		21	
5	白兰王	慕容视连	父　慕容辟奚	371 390		20	
6	吐谷浑王	慕容视罴	父　慕容视连	390 400	23 33	11	
7	大单于	慕容乌纥堤 (大孩)	父　慕容视连 兄　慕容视罴	400 405		6	战死

8	戊寅可汗·大单于·武王	慕容树洛干	父　慕容视罴 母　念氏	405 417	14 26	13	
9	白兰王·威王	慕容阿柴	父　慕容视罴 兄　慕容树洛干	417 424		8	
10	惠王·陇西王	慕容慕璝	父　慕容乌纥堤 母　念氏	424 436		13	
11	河南王	慕容慕利延	父　慕容乌纥堤 兄　慕容慕璝 母　念氏	436 452		17	
12	河南王·西平王	慕容拾寅	父　慕容树洛干	452 481		30	
13	河南王	慕容度易侯	父　慕容拾寅	481 490		10	
14		慕容伏连筹 （佛辅）	父　慕容度易侯	490 540		51	
15	可汗	慕容夸吕	父　慕容伏连筹 妻　西魏广乐公主	540 591		52	

16	可汗	慕容世伏	父　慕容夸吕 妻　隋光化公主	591 597		7	被杀
17	步萨钵可汗	慕容伏允	父　慕容夸吕 兄　慕容世伏	597 635		39	被杀
18	趉胡吕乌甘豆可汗·大宁王·西平郡王	慕容顺	父　慕容伏允	635		1	
19	乌地也拔勒豆可汗·河源郡王	慕容诺曷钵	父　慕容顺 妻　唐弘化公主	635 663		29	

柔然

共19任君　18可汗　402—555　立国约154年

建都:蒙古哈尔和林　疆域:漠北　亡于突厥

任数	尊号	姓名	亲属	在位起讫	即位去位年龄	在位年	年号	备注
1	豆代可汗	郁久间社𪨊	父　缊纥提	402 410		9		
2	蔼豆盖可汗	郁久间斛律	父　缊纥提 兄　社𪨊	410 414		5		被逐
3		郁久间步鹿真	叔父　斛律	414		1		被杀
4	纥升盖可汗	郁久间大檀	父　仆浑 族兄　社𪨊	414 429		16		
5	敕连可汗	郁久间吴提	父　大檀	429 444		16		
6	处罗可汗	郁久间吐贺真	父　吴提	444 464		21		
7	受罗部真可汗	郁久间予成	父　吐贺真	464 485		22	永康(464)	

8	伏名敦可汗	郁久闾豆崘	父 予成	485 492		8	太平(485)	被杀
9	候其伏代库者可汗	郁久闾那盖	父 吐贺真 兄 予成	492 506		15	太安(492)	
10	佗汗可汗	郁久闾伏图	父 那盖	506 508		3	始平(506)	战死
11	豆罗伏跋豆伐可汗	郁久闾丑奴	父 伏图	508 520		13	建昌(508)	被杀
12		郁久闾阿那瓌	父 伏图 兄 丑奴	520 520		10 天		被逐
13	弥偶可社句可汗	郁久闾婆罗门	族弟 阿那瓌	520 521		2		降北魏
14	(二)敕连头兵豆伐可汗	郁久闾阿那瓌		521 552		32		自杀

15		郁久闾铁伐	父 登注 从伯 阿那瓌	552 553		2		被杀
16		郁久闾登注	从兄 阿那瓌	553		1		被杀
17		郁久闾库提	父 登注	553		1		被废
18		郁久闾邓叔子	侄 阿那瓌	553 555		3		被杀
19		郁久闾庵罗辰	父 阿那瓌 妻 北魏兰陵公主	553				西奔,下落不明

突厥(东突厥)

共29任君　29可汗　552—745　立国约194年

建都:都斤山(杭爱山)　疆域:内外蒙古　亡于回纥

任数	尊号	姓名	亲属	在位起讫	即位去位年龄	在位年	备注
1	伊利可汗	阿史那土门	父　吐务 弟　室点密	552 553		2	
2	乙息记可汗(逸可汗)	阿史那科罗	父　土门 子　摄图	553		1	
3	木杆可汗(俟斗木杆可汗)	阿史那俟斤	父　土门 子　大逻便	553 572		20	
4	佗钵可汗	阿史那	父　土门 子　庵逻	572 581		10	
	尔伏可汗	阿史那摄图	父　科罗 叔父　佗钵可汗				(小可汗)东面可汗
	步离可汗	阿史那	父　褥但 伯父　佗钵可汗				(小可汗)西面可汗

5		阿史那庵逻	父　佗钵可汗	581 581		1	让位六任沙钵略可汗,自为第二可汗(小可汗)
6	沙钵略可汗	阿史那摄图	妻 北周千金公主	581 587		7	(二)
	阿波可汗	阿史那大逻便	父　俟斤				(小可汗)
	达头可汗	阿史那玷厥	父　室点密 从兄　科罗 孙　射匮可汗				(小可汗)
7	莫何可汗(叶护可汗)	阿史那处罗侯	父　科罗 兄　摄图	587 588		2	战死
8	颉伽施多那都蓝可汗	阿史那雍虞闾	父　摄图	588 599		12	为其部下所杀
9	步迦可汗	阿史那玷厥		599 603		5	(二),降于十任启民可汗

	突利可汗						（小可汗）降隋
10	意利珍豆启民可汗	阿史那 染干	父　摄图 妻　隋义成公主	599 609		11	
11	始毕可汗	阿史那 咄吉	父　染干 子　什钵苾	609 619		11	
12	处罗可汗	阿史那 俟利弗	父　染干 兄　咄吉	619 620		2	
13	颉利可汗	阿史那 咄苾 （阿史那莫贺咄）	父　染干 兄　俟利弗	620 630		11	为唐所擒，634年，卒于长安
	突利可汗	阿史那 什钵苾	父　咄吉 叔父　咄苾				（小可汗）降唐
14	乙弥泥孰俟利苾可汗	阿史那 思摩 （李思摩）	父　咄六	639 644		6	归唐
15	乙注车鼻可汗	阿史那 斛勃		644 650		7	为唐击擒
16		阿史那 泥孰匐		679 680		2	为其部下所杀

17		阿史那伏念	族叔　咄苾	681		1	为唐击擒,斩于长安
18	骨咄禄可汗	阿史那骨咄禄		682 694		13	
19	乾和永清太驸马天上得果报天男突厥圣天骨咄禄可汗	阿史那默啜	兄　骨咄禄	694 716		23	为游骑所杀
20	拓西可汗	阿史那匐俱	父　默啜	716		1	为其部下所杀
21	毗伽可汗(小杀)	阿史那默棘连	父　骨咄禄	716 734		19	为其部下毒死
22	伊然可汗	阿史那	父　默棘连	734		数月	

23	登利可汗·苾伽骨咄禄可汗	阿史那	父　默棘连 母　婆匐	734 741		8	为其下所杀
24		阿史那	父　默棘连	741 741			为其下所杀
25		阿史那 骨咄		741 742		2	为三部落攻杀
26	颉跌伊施可汗	阿史那 拔悉密		742 744		3	为回纥击斩
27	乌苏米施可汗	阿史那		742 744		3	为二十七任颉跌伊施可汗击斩
28	白眉可汗	阿史那 鹘陇匐	兄　乌苏米施可汗	744 745		2	为回纥击斩,传首长安

突厥(西突厥)

共22任君　22可汗　603—743　立国约141年

建都:(王庭不定)　疆域:新疆、中亚东部　亡于突骑施

任数	尊号	姓名	亲属	在位起讫公元前后	即位去位年龄	在位年	备注
	室点蜜可汗	阿史那室点蜜	父　吐务 兄　土门				(东突厥一任伊利可汗土门之弟)
	达头可汗·步迦可汗	阿史那玷厥	父　室点蜜				(东突厥九任可汗)
	咄陆可汗	阿史那鞅素	父　玷厥				(东突厥小可汗)
	泥利可汗	阿史那	父　鞅素				(东突厥小可汗)
1	泥撅处罗可汗·曷萨那可汗	阿史那达漫	父　泥利可汗 母　向氏	603 611		9	降隋、降唐。619年,被杀
	吐乌遏拔阙可汗	阿史那达度	父　泥利可汗 兄　达漫				(小可汗)降唐

2	射匮可汗	阿史那射匮	父　鞅素	611 619		9	
3	叶护可汗	阿史那统	父　鞅素 伯父　莫贺咄	619 628		10	为伯父莫贺咄所杀
4	屈利俟毗可汗	阿史那莫贺咄	父　玷厥 弟　鞅素	628 630		3	为叶护可汗之子咥力所杀
5	乙毗钵罗肆叶护可汗	阿史那咥力	父　阿史那统	628 630		3	被逐,死
6	奚利邲咄陆可汗	阿史那泥孰	祖父　鞅素 父　莫贺	632 634		3	
7	沙钵罗咥利失可汗	阿史那同娥	祖父　鞅素 父　莫贺 兄　泥孰	634 641		8	被逐,死
8	乙毗咄陆可汗	阿史那欲谷	父　咄吉 (东突厥十一任始毕可汗)	638 642		5	(北庭)被逐
9	乙毗沙钵罗叶护可汗	阿史那薄布	祖父　鞅素 父　'伽那 伯父　同娥	639 641		3	(南庭)为乙毗射匮可汗擒斩

10	乙毗射匮可汗	阿史那	祖父 同娥 父 莫贺咄	642 651		10	为贺鲁所杀
11	沙钵罗可汗	阿史那 贺鲁	高祖父 玷厥	651 657		7	为唐所掳
12	兴昔亡可汗	阿史那 弥射	五世祖 室点蜜	657 662		6	为弟步真诬杀
13	继往绝可汗	阿史那 步真	五世祖 室点蜜	658 666		9	
14	十姓可汗	阿史那 都支		671 679		9	为唐所掳
15	十姓可汗	阿史那 泥热匐		679 680		2	为其部下所杀
16	兴昔亡可汗	阿史那 元庆	父 弥射	685 693		9	为南周所杀
17	继往绝可汗	阿史那 斛瑟罗	父 步真	686 690		5	降南周
18	十姓可汗	阿史那 俀子	父 元庆	694			

19	竭忠事主可汗	阿史那斛瑟罗	父　步真	700			（二）
20	十姓可汗	阿史那瓌道	父　斛瑟罗	704			归唐
21	兴昔亡可汗	阿史那献	父　俀子	711			归唐
22	十姓可汗	阿史那昕	父　瓌道 妻　唐交河公主	740 742		3	被杀

吐蕃

姓:勃窣野

建都:西藏拉萨　疆域:西藏·青海省·四川省西部

<table>
<tr><th>任数</th><th>尊号</th><th>姓名</th><th>亲属</th><th>在位起讫公元前后</th><th>即位去位年龄</th><th>在位年</th><th>备注</th></tr>
<tr><td colspan="8">1 仰赐赞普(尼墀赞薄)(聂尺簪布)(聂直簪布)　2 美赐赞普(穆墀赞薄)
3 鼎赐赞普(顶墀赞薄)　4 所赐赞普(梭墀赞薄)　5 麦赐赞普(梅墀赞薄)
6 塔赐赞普(达墀赞薄)　7 使赐赞普(锡墀赞薄)　——以上称“天赐七王”</td></tr>
<tr><td colspan="8">8 智贡赞普(枳贡赞薄)　9 普得贡家(补得贡贾)
——以上称“上登二王”或“中间二得”</td></tr>
<tr><td colspan="8">10 矮雀利(鄂沉蕾)　11 得雀利(得沉蕾)　12 梯雀利(梯沉蕾)　13 瓜雀利(菇如蕾)　14 钟香利(钟希蕾)　15 衣雀利(伊沉蕾)　——以上称“中利六王”或“地上六蕾”</td></tr>
<tr><td colspan="8">16 赦郎生(萨囊逊得)　17 得楚生(得初囊佣赞)　18 色累郎(席挪囊得)
19 得累郎(得挪囊)　20 得累普(得挪薄)　21 得赞普(得贾薄)　22 得松赞
23 得振赞(得真赞)　——以上称“地德八王”或“八得”</td></tr>
<tr><td colspan="8">24 耻浪赞　25 赐札邦赞　26 赐得脱赞
——以上称“下赞三王”</td></tr>
<tr><td colspan="8">27 拉脱卡林霞(陀朵里)　28 赐里汝赞　29 忠德林怒
30 大日迎热　31 朗日松赞</td></tr>
<tr><td>32</td><td></td><td>弃宗弄赞(松宝干布)</td><td>妻　唐文成公主
子　昆赞</td><td></td><td></td><td></td><td></td></tr>
<tr><td>33</td><td></td><td>芒松芒赞</td><td>祖父　弃宗弄赞
父　昆赞</td><td>650
679</td><td>13
42</td><td>30</td><td></td></tr>
<tr><td>34</td><td></td><td>器弩悉弄(都松亡薄结)</td><td>父　芒松芒赞</td><td>679
703</td><td>8
32</td><td>25</td><td></td></tr>
</table>

35		弃隶蹜赞 （墀得祖敦）	父　器弩悉弄 妻　唐金城公主	703 755	7 59	53	
36		墀松得赞 （乞黎苏 龙腊赞）	父　弃隶蹜赞 母　金城公主	755 780		26	
37		牟尼赞普 （娑悉笼 腊赞）	父　墀松得赞	780 796		17	被杀
38		牟底赞普 （乞立赞）	父　墀松得赞 兄　牟尼赞普	797 813		17	
39		可黎可足 （墀惹巴仪）	父　牟底赞普	814 836		23	被杀
40		达磨赞普 （朗达玛）	父　牟底赞普	836 842		7	被杀
41		乞离胡赞普	姑父　达磨赞普 父　尚延力	842	3		达磨妃琳氏兄尚延力之子，国乱不知所终

达赖喇嘛世系

世数	尊号	姓名	亲属	生年	生地	坐床	卒年	寿	备注
		宗喀巴		1357	青海西宁		1419	63	
1		根敦珠巴 （根顿轴） （罗伦嘉 穆错）	父　统薄多杰 母　觉摩曩吉	1391	后藏萨迦		1474	84	
2		根登嘉穆磋	父　庆喜幢 母　庆喜祥	1476	后藏达朗		1542	67	

3	川圣职一切瓦齐尔达赖喇嘛	琐朗嘉穆磋	父 胜称 母 祥圆	1543	前藏朵垅		1588	46	
4		荣丹嘉穆磋	曾祖父 俺答	1589	蒙古图鲁汗族	1602	1616	28	
5	西天大善自在佛领天下释教普通鄂济达赖喇嘛	阿旺罗卜藏嘉穆磋	父 都堵饶敦 母 滚迦拉则	1617	钦瓦达则	1622	1682	66	
6		罗卜藏仁清札阳嘉穆磋	父 札喜敦赞 母 催旺拉摩	1683	宇松	1697	1706	25	
7	宏法觉众达赖喇嘛	罗布藏格尔桑嘉穆磋	父 福盛 母 福法海	1708	四川里塘	1720	1757	50	
8		罗卜藏姜白嘉穆磋巴桑布	父 梭曩达杰 母 彭磋旺摩	1758	后藏陀贾拉日冈	1762	1804	47	

9		阿旺龙图嘉穆磋巴桑布	父　敦赞部回 母　顿主卓玛	1805	法轮寺	1808	1815	11	
10		阿旺罗布姜巴丹尊楚称嘉穆磋巴桑布	父　罗桑宁札 母　曩贾补墀	1816	博博冈 内朵那补村	1822	1837	22	
11		阿旺格桑丹卓密凯珠嘉穆磋	父　催旺顿主 母　永仲补墀	1838	四川泰宁寺	1842	1855	18	
12		阿旺罗布丹具甲穆参称勒嘉穆磋	父　彭磋璀旺 母　璀仁玉准	1856	阿喀精其	1859	1875	20	
13	诚顺赞化西天大善自在佛	阿旺罗布藏塔布克勒嘉穆磋（土敦嘉磋）	父　庆喜宝 母　罗桑卓玛	1876	达薄朗顿	1879	1933	58	
14		拉木登珠（丹津嘉磋）	父　曲郤策仁 母　四朗错	1935	青海塔尔寺	1939			

班禅喇嘛世系

世数	尊号	姓名	亲属	生年	生地	坐床	卒年	寿	备注
		宗喀巴							
1		凯珠（克主杰）		1385	后藏朵庸		1438	54	
2		琐朗接昂（梭囊郤朗）		1439	后藏闻萨		1504	66	
3		恩帅巴（罗桑敦主）		1505	后藏拉库		1566	62	
4		罗桑郤结（罗桑郤稽坚参）		1567 或 1570	藏绒楞主贾		1568 或 1662	93	
5	班禅额尔德尼	罗桑耶西		1663	后藏沱贾		1737	75	
6		班宥益布（拔敦耶歇）		1738	向札喜贼	1741	1780	43	
7		登毕尼玛（敦必尼日）		1782	后藏仰梅		1853	72	
8		登毕旺修（敦必旺曲）		1854	后藏沱贾	1856	1882	29	
9		罗桑郤京（却吉尼玛）		1883	塔布噶厦	1892	1937	55	
10		宫保慈丹（郤稽坚参）		1938	青海循化	1949	1989	52	

高昌

共16任君　16王　460—640　立国181年

建都：交河城（新疆吐鲁番）　疆域：新疆东北部　亡于唐

任数	庙号	尊号	姓名	亲属	在位起讫	即位去位年龄	在位年	年号	备注
1			阚伯周		460 477		18		
2			阚义成	父　阚伯周	477		1		被杀
3			阚首归	父　阚伯周 弟　阚义成	477 481		5		被杀
4			张明		481		1		被杀
5			马儒		481 497		17		被杀
6			曲嘉		497 523		27	重光（497）	
7			曲光	父　曲嘉	523 531		9		
8			曲坚	父　曲光	531 548		18	章和（531）	
9			曲元喜	父　曲坚	548 550		3	永平（549）	
10			曲		550 555		6	和平（551）	
11			曲宝茂		555 561		7	建昌（555）	
12			曲乾固		561 601		41	延昌（561）	

13			曲伯雅	父 曲乾固 妻 隋华容公主	601 613		13	延和(602)	
14			曲		613 619		7	义和(614)	
15			曲文泰	父 曲伯雅 妻 唐长乐公主	619 640		22	重光(620) 延寿(624)	
16			曲智盛	父 曲文泰	640		1月		

勃海

共15任君 15王 699—926 立国228年

建都:忽汗城 疆域:吉林、辽宁、朝鲜半岛北部 亡于契丹

任数	庙号	尊号	姓名	亲属	在位起讫	即位去位年龄	在位年	年号	备注
1	太祖	高王	大祚荣	父 大仲象	699 719		21		
2		武王	大武艺	父 大祚荣	719 738		20	仁安(720)	
3		文王	大钦茂	父 大武艺	738 793		56	大兴(739)	
4			大元义	族兄 大钦茂	793		1		被杀
5		成王	大华玙	祖父 大钦茂 父 大宏临	793 794		2	中兴(794)	
6		康王	大嵩璘	父 大钦茂	794 809		16	正历(795)	
7		定王	大元瑜	父 大嵩璘	809 812		4	永德(810)	
8		僖王	大言义	兄 大元瑜	812 817		6	朱雀(813)	
9		简王	大明忠	兄 大言义 族叔 大仁秀	817 818		2	太始(818)	
10		宣王	大仁秀	族侄 大明忠	818 830		13	建兴(819)	
11			大彝震	祖父 大仁秀 父 大新德	830 857		28	咸和(831)	
12			大虔晃	兄 大彝震	857 871		15	元年(858)	

13		景王	大玄锡	祖父　大虔晃	871 893		23	元年(872)	
14			大玮瑎	父　大玄锡	893 906		14	元年(894)	
15		哀王	大諲譔	父　大玮瑎	906 926		21	元年(907)	
	(东丹国)		耶律倍		926 930			甘露(926)	982年,国除

五京:中京显德府(吉林桦甸苏密城),上京龙泉府(黑龙江宁安东京城),南京南海府(朝鲜咸镜北道镜城),东京龙原府(吉林珲春八达城),西京鸭绿府(吉林集安帽儿山)。

南诏

共39任君 727—1253 立国527年

建都:云南大理 疆域:云南 亡于蒙古

王朝	任数	尊号	姓名	亲属	在位起讫	即位去位年龄	在位年	年号	备注
蒙舍诏	1	云南王	皮罗阁(蒙归义)	父 盛罗皮	727 748		22		
大蒙	2	云南王	阁罗凤	父 皮罗阁 子 凤迦异	748 779		32	长寿(748)	
大理	3	南诏王	异牟寻	父 凤迦异	779 808		30	见龙(780)	
	4	骠信	寻阁劝(梦凑)	父 异牟寻	808 809		2	应道(809)	
	5		劝龙晟	父 寻阁劝	809 816		8	龙兴(810)	被杀
	6		劝利晟	父 寻阁劝	816 823		8	全义(817)	
	7		丰祐	父 寻阁劝	823 859		37	保和(824)	
大礼	8	景庄皇帝	坦绰酋龙(世隆)	父 丰祐	859 877		19	建极(860)	
鹤拓(大封人)	9	圣明文武皇帝	隆舜(法)	父 坦绰酋龙	877 897		21	贞明承智大同(877)	被杀
	10		舜化真	父 隆舜	897 902		6	中兴(897)	

大长和	11	桓皇帝	郑买嗣	七世祖　郑回	902 909		8	安国(902)	
	12	肃皇帝	郑旻	父　郑买嗣 妻　南汉增城公主	909 926		18	始元(910)	
	13		郑隆亶	父　郑旻	926 927		2	天应(927)	被杀
大天兴	14	悼康皇帝	赵善政		928 929		10月	兴源(928)	
大义宁	15	肃恭皇帝	杨干真	母　弥录	929 937		9	尊圣(929)	被废
	16	圣神文武皇帝	段思平	六世祖　段俭魏	937 944		8	文德(938)	
	17		段思英	父　段思平	944		1	文经(945)	被废
	18	圣慈文武皇帝	段思良	父　段思平	944 952		9	至治(945)	
	19	广慈皇帝	段思聪	父　段思良	952 969		18	明德(953)	
	20		段素顺	父　段思聪	969 985		17	明正(970)	

	21	昭明皇帝	段素英	父　段素顺	985 1009		25	广明(986)	
	22	宣肃皇帝	段素廉	父　段素英	1009 1022		14	明启(1010)	
	23	秉义皇帝	段素隆	父　段素廉	1022 1026		5	明通天圣(1023)	禅位为僧
	24	圣德皇帝	段素贞	伯父　段素隆	1026 1041		16	正治(1027)	禅位为僧
	25	天明皇帝	段素兴	祖父　段素贞	1041 1044		4	圣明(1042)	被废
	26	兴宗孝德皇帝	段思廉	元祖　段思平 父　段智思	1044 1075		32	保安(1045)	禅位为僧
	27	上德皇帝	段连义	父　段思廉	1075 1080		6	上德(1026)	被杀
	28	广安皇帝	杨义贞		1080		4月		被杀
	29	上明皇帝	段寿辉	伯父　段连义	1080 1081		2	上明(1080)	禅位
	30	保定皇帝	段正明	祖父　段思廉	1081 1094		14	保立(1082)	禅位为僧

大中	31	圣德表正皇帝	高升泰	父　高智升	1094 1096		3	上治(1094)	
后理	32	中宗文安皇帝	段正淳	兄　段正明	1096 1108		13	开明(1097)	禅位为僧
	33	宪宗宣仁皇帝	段正严 (和誉)	父　段正淳	1108 1147		40	日新(1109)	禅位为僧
	34	景宗正康皇帝	段正兴	父　段正严	1147 1172		26	永贞(1148)	禅位为僧
	35	宣宗功极皇帝	段智兴	父　段正兴	1172 1200		29	利贞(1173)	
	36	享天皇帝	段智连	父　段智兴	1200 1205		6	凤历(1201)	
	37	神宗	段智祥	父　段智连	1205 1238		34	天开仁寿 (1206)	禅位为僧
	38	孝义皇帝	段祥兴	父　段智祥	1238 1251		14	道隆(1239)	
	39	天定贤王	段兴智	父　段祥兴	1251 1253		3	天定(1252)	1260年，病卒

回纥(回鹘)

共 17 任君　17 可汗　744—848　立国约 105 年

建都:(王庭不定)　疆域:长城北

任数	尊号	姓名	亲属	在位起讫	即位去位年龄	在位年	备注
1	骨咄禄毗伽阙怀仁可汗	药罗葛 骨力斐罗	父　护输	744 745		2	
2	葛勒可汗　英武威远毗伽阙可汗(英武可汗)	药罗葛 磨延啜	父　骨力斐罗 妻　唐宁国公主	745 759		15	
3	牟羽可汗　登里可汗　颉咄登里骨啜密施合俱录英义建功毗伽可汗(英义可汗)	药罗葛 移地健	父　磨延啜 从兄　敦莫贺 妻　唐崇徽公主 仆固氏	759 780		22	为从兄敦莫贺所杀
4	合骨咄禄毗伽可汗　武义成功可汗　汨咄禄长寿天亲毗伽可汗(天亲可汗)	药罗葛 敦莫贺	妻　唐咸安公主	780 789		10	
5	爱登里逻汨没密施俱录毗伽忠贞可汗(忠贞可汗)	药罗葛 多逻斯	父　敦莫贺 妻　唐叶公主 仆固氏	789 790		2	为少可敦毒死
6		药罗葛	兄　多逻斯	790 790		2 月	为大臣所杀
7	奉诚可汗	药罗葛 阿啜	父　多逻斯	790 795	15 20	6	

8	爱腾里逻羽录没密施合禄胡毗伽怀信可汗(怀信可汗)	跌跌 骨咄禄		795 805		11	
9	腾里野合俱录毗伽可汗(腾里可汗)	跌跌	父　骨咄禄	805 808		4	
10	爱登里罗汨密施合毗伽保义可汗(保义可汗)	跌跌		808 821		14	
11	登啰羽录没密施句主毗伽崇德可汗(崇德可汗)	跌跌	妻　唐太和公主 弟　曷萨	821 825		5	
12	爱登里啰汨没密施合毗伽昭礼可汗(昭礼可汗)	跌跌曷萨		825 832		8	为其部下所杀
13	爱登里啰汨没密施合句录毗伽彰信可汗(彰信可汗)	跌跌胡	从叔　曷萨	832 839		8	自杀
14		跌跌厔馺		839 840		2	为黠戛斯部落攻杀
15	乌介可汗	跌跌乌介	弟　遏念	841 846		6	为其部卜所杀
16	遏念可汗	跌跌遏念	兄　乌介	846 848		3	弃众西奔

17	温禄登里逻汨没密施合俱录毗伽怀建可汗（怀建可汗）	跌跌庞		848			国势衰微降为部落，世系不详

【附录四】邻邦

新罗

首都:斯卢(庆州) 立国992年(前57—后935) 共56任君56王

顺序	尊号	姓名	在位年数	在位起讫	备注
1	赫居世王	朴	61	前57 后4	
2	南解王	朴	21	4 24	
3	儒理王	朴	34	24 57	
4	脱解王	昔	24	57 80	
5	婆沙王	朴	33	80 112	
6	柢摩王	朴	23	112 134	
7	逸圣王	朴	21	134 154	
8	阿达罗王	朴	31	154 184	
9	伐休王	昔	13	184 196	
10	奈解王	昔	35	196 230	
11	助贲王	昔	18	230 247	
12	沾解王	昔	16	247 262	

13	味邹王	金	23	262 284	
14	儒礼王	昔	15	284 298	
15	基临王	昔	13	298 310	
16	讫解王	昔	47	310 356	
17	奈勿王	金	47	356 402	
18	实圣王	金	16	402 417	
19	讷柢王	金	42	417 458	
20	慈悲王	金	22	458 479	
21	炤智王	金	22	479 500	
22	智证王	金	15	500 514	
23	法兴王	金	27	514 540	
24	真兴王	金	37	540 576	
25	真智王	金轮	4	576 579	
26	真平王	金	54	579 632	
27	善德女王	金	16	632 647	

28	真德女王	金	8	647 654	
29	武烈王	金	8	654 661	
30	文武王	金	21	661 681	
31	神文王	金	12	681 692	
32	孝昭王	金	11	692 702	
33	圣德王	金	36	702 737	
34	孝成王	金	6	737 742	
35	景德王	金	24	742 765	
36	惠恭王	金乾运	16	765 780	
37	宣德王	金良相	6	780 785	
38	元圣王	金敬信	15	785 799	
39	昭圣王	金俊邕	2	799 800	
40	哀庄王	金重熙	10	800 809	
41	宪德王	金彦昇	18	809 826	
42	兴德王	金景徽	10	826 835	

43	僖康王	金	2	836 837	
44	闵哀王	金明	2	838 839	
45	神武王	金	1	839	
46	文圣王	金	19	839 857	
47	宪安王	金	5	857 861	
48	景文王	金	15	861 875	
49	宪康王	金晸	12	875 886	
50	定康王	金晃	2	886 887	
51	真圣女王	金曼	11	887 897	
52	孝恭王	金峣	16	897 912	
53	神德王	金景晖	6	912 917	
54	景明王	金昇英	8	917 924	
55	景哀王	金数膺	4	924 927	
56	敬顺王	金	9	927 935	

百济

首都:熊津、泗沘　立国679年(前18—后661)　共31任君

顺序	尊号	姓名	在位年数	在位起讫	备注
1	温祚王	扶余	46	前18 后28	
2	多娄王	扶余	50	28 77	
3	己娄王	扶余	52	77 128	
4	盖娄王	扶余	39	128 166	
5	肖古王	扶余	49	166 214	
6	仇首王	扶余	21	214 234	
7	沙伴王	扶余	14	234 247	
8	古尔王	扶余	50	247 286	
9	责稽王	扶余	13	286 298	
10	汾西王	扶余	7	298 304	
11	比流王	扶余	41	304 344	
12	契王	扶余	3	344 346	
13	近肖古王	扶余	30	346 375	

14	近仇王	扶余	10	375 384	
15	枕流王	扶余	2	384 385	
16	辰斯王	扶余	8	385 392	
17	阿华王	扶余	4	392 405	
18	腆支王	扶余	16	405 420	
19	久尔辛王	扶余	8	420 427	
20	毗有王	扶余	19	427 455	
21	盖卤王	扶余庆	21	455 475	
22	文周王	扶余	2	475 476	
23	三斤王	扶余	3	476 478	
24	东城王	扶余	24	478 501	
25	武宁王	扶余斯麻	23	501 523	
26	圣王	扶余	33	523 555	
27	威德王	扶余昌	45	554 598	
28	惠王	扶余	2	598 599	

29	法王	扶余	2	599 600	
30	武王	扶余璋	42	600 641	
31	义慈王	扶余	20	641 660	

高句丽

首都:平壤　立国705年(前37—后668)　共28任君　28王

顺序	尊号	姓名	在位年数	在位起讫	备注
1	东明王	高朱蒙	56	前37 后19	
2	琉璃王	高	37	前19 后18	
3	大武神王	高	27	18 44	
4	闵中王	高	5	44 48	
5	慕本王	高	6	48 53	
6	太祖王	高	94	53 146	
7	次大王	高	20	146 165	
8	新大王	高	23	165 177	
9	故国川王	高	19	179 197	
10	山上王	高	31	197 227	
11	东川王	高	22	227 248	
12	中川王	高	23	248 270	
13	西川王	高	23	270 292	
14	烽上王	高	9	292 300	信史始
15	美川王	高	32	300 331	

16	故国原王	高	41	331 371	
17	小兽王	高	14	371 384	
18	故国壤王	高	8	384 391	
19	(广开土王) 好太王	高谈德	23	391 413	
20	长寿王	高巨琏	80	413 492	
21	文咨明王	高	28	492 519	
22	安藏王	高	13	519 531	
23	安原王	高	15	531 545	
24	阳原王	高	15	545 559	
25	平原王	高	32	559 590	
26	婴阳王	高元	29	590 618	
27	荣留王	高	25	618 642	
28	宝藏王	高	27	642 668	

高丽

首都：开京(开城)　立国1015年(918—1392)　共34任君34王

顺序	尊号	姓名	在位年数	在位起讫	备注
1	太祖	王建	26	918 943	
2	惠宗	王武	3	943 945	
3	定宗	王尧	5	945 949	
4	光宗	王昭	27	949 975	
5	景宗	王伷	8	975 982	
6	成宗	王治	17	981 997	
7	穆宗	王诵	13	997 1009	
8	显宗	王询	23	1009 1031	
9	德宗	王钦	4	1031 1034	
10	靖宗	王享	13	1034 1046	
11	文宗	王徽	37	1046 1082	
12	顺宗	王勋	2	1082 1083	

13	宣宗	王运	13	1083 1095	
14	献宗	王昱	1	1095	
15	肃宗	王熙(颙)	12	1095 1106	
16	睿宗	王俣	17	1106 1122	
17	仁宗	王楷	25	1122 1146	
18	毅宗	王晛	25	1146 1170	
19	明宗	王皓	28	1170 1197	
20	神宗	王晫	8	1197 1204	
21	熙宗	王韺	8	1204 1211	
22	康宗	王祦	3	1211 1213	
23	高宗	王皞	47	1213 1259	
24	元宗	王倎(禃)	16	1259 1274	
25	忠烈王	王倌(昛)	35	1274 1308	
26	忠宣王	王源(璋)	6	1308 1313	
27	忠肃王	王焘	27	1313 1339	

28	忠惠王	王祯	6	1339 1344	
29	忠穆王	王昕	5	1344 1348	
30	忠定王	王䀛	4	1348 1351	
31	恭愍王	王祺(颛)	24	1351 1374	
32		王辛禑	15	1374 1388	
33	王辛昌		1	1389	
34	恭让王		4	1389 1392	二十任王神宗 王晫七世孙

朝鲜·韩国

首都:汉城　立国518年(1939—1910)　共27任君

顺序	尊号	姓名	在位年数	在位起讫	备注
1	太祖	李成桂 (李旦)	6	1393 1398	
2	定宗	李芳果 (李曔)	4	1398 1401	
3	太宗	李芳远	18	1401 1418	
4	世宗	李祹	33	1418 1450	
5	文宗	李珦	3	1450 1452	
6	端宗	李弘玮	4	1452 1455	
7	世祖	李瑈	14	1455 1468	
8	睿宗	李晄	1	1468 1469	
9	成宗	李娎	26	1469 1494	
10	燕山君	李隆	13	1494 1506	
11	中宗	李怿	39	1506 1544	
12	仁宗	李峼	2	1544 1545	
13	明宗	李峘	23	1545 1567	

14	宣祖	李昖	42	1567 1608	
15	光海君	李珲	16	1608 1623	
16	仁祖	李倧	27	1623 1649	
17	孝宗	李淏	11	1649 1659	
18	显宗	李棩	6	1659 1674	
19	肃宗	李焞	47	1674 1720	
20	景宗	李昀	5	1720 1724	
21	英祖	李昑	53	1724 1776	
22	正祖	李祘	25	1776 1800	
23	纯祖	李玜	34	1800 1834	
24	宪宗	李奂	16	1834 1849	
25	哲宗	李昪	15	1849 1863	
26	高宗	李熙	45	1863 1907	
27	纯宗	李拓	4	1907 1910	

日本

首都:京都·东京　立国2600年(前600—后2000)　迄今(二十一世纪初)共125任君

顺序		尊号	年号	在位年数	在位起讫	相当中国时代
1911敕前	1911敕后					
1	1	神武天皇		76	前660 前585	战国时代
2	2	绥靖天皇		33	前581 前549	战国时代
3	3	安宁天皇		39	前549 前511	
4	4	懿德天皇		34	前510 前477	
5	5	孝昭天皇		83	前475 前393	
6	6	孝安天皇		102	前392 前291	
7	7	孝灵天皇		76	前290 前215	
8	8	孝元天皇		57	前214 前158	秦一任帝嬴政在位
9	9	开化天皇		61	前158 前98	西汉五任帝刘恒在位
10	10	崇神天皇		68	前97 前30	西汉七任帝刘彻在位
11	11	垂仁天皇		99	前29 后70	西汉十二任帝刘骜在位
12	12	景行天皇		60	71 130	东汉二任帝刘庄在位

<table>
<tr><td>13</td><td>13</td><td>成务天皇</td><td></td><td>60</td><td>131
190</td><td>东汉八任帝
刘保在位</td></tr>
<tr><td>14</td><td>14</td><td>仲哀天皇</td><td></td><td>9</td><td>192
200</td><td rowspan="2">东汉十四任帝
刘协在位</td></tr>
<tr><td>15</td><td></td><td>神功皇后</td><td></td><td>70</td><td>201
270</td></tr>
<tr><td>16</td><td>15</td><td>应神天皇</td><td></td><td>41</td><td>270
310</td><td>晋一任帝
司马炎在位</td></tr>
<tr><td>17</td><td>16</td><td>仁德天皇</td><td></td><td>87</td><td>313
399</td><td>晋六任帝
司马邺在位</td></tr>
<tr><td>18</td><td>17</td><td>履中天皇</td><td></td><td>6</td><td>400
405</td><td rowspan="2">晋十六任帝
司马德宗在位</td></tr>
<tr><td>19</td><td>18</td><td>反正天皇</td><td></td><td>5</td><td>406
410</td></tr>
<tr><td>20</td><td>19</td><td>允恭天皇</td><td></td><td>42</td><td>412
453</td><td>晋十七任帝
司马德文在位</td></tr>
<tr><td>21</td><td>20</td><td>安康天皇</td><td></td><td>4</td><td>453
456</td><td rowspan="3">南宋五任帝
刘骏在位</td></tr>
<tr><td>22</td><td>21</td><td>雄略天皇</td><td></td><td>24</td><td>456
479</td></tr>
<tr><td>23</td><td>22</td><td>清宁天皇</td><td></td><td>5</td><td>480
484</td></tr>
<tr><td>24</td><td>23</td><td>显宗天皇</td><td></td><td>3</td><td>485
487</td><td rowspan="2">南齐一任帝
萧道成在位</td></tr>
<tr><td>25</td><td>24</td><td>仁贤天皇</td><td></td><td>11</td><td>488
498</td></tr>
<tr><td>26</td><td>25</td><td>武烈天皇</td><td></td><td>9</td><td>498
506</td><td>南齐六任帝
萧宝卷在位</td></tr>
</table>

27	26	继体天皇		25	507 531	南梁一任帝萧衍在位
28	27	安闲天皇		5	531 535	
29	28	宣化天皇		5	535 539	
30	29	钦明天皇		33	539 571	
31	30	敏达天皇		14	572 585	陈四任帝陈顼在位
32	31	用明天皇		3	585 587	陈五任帝陈叔宝在位
33	32	崇峻天皇		6	587 592	隋一任帝杨坚在位
34	33	推古天皇		37	592 628	
35	34	舒明天皇		13	629 641	唐二任帝李世民在位
36	35	皇极天皇		4	642 645	
37	36	孝德天皇	大化(645) 白雉(650)	10	645 654	
38	37	齐明天皇		7	655 661	唐三任帝李治在位
39	38	天智天皇		11	661 671	
	39	弘文天皇		2	671 672	
40	40	天武天皇	白凤(673) 朱鸟(686)	14	673 686	

41	41	持统天皇		12	686 697	唐五任帝 李旦在位
42	42	文武天皇	太宝(701) 庆云(704)	11	697 707	
43	43	元明天皇	和铜(708)	15	707 715	唐六任帝 李显在位
44	44	元正天皇	灵龟(715) 养老(717)	10	715 724	唐九任帝 李隆基在位
45	45	圣武天皇	神龟(724) 天平(729) 天平感宝 (749)	6	724 749	
46	46	孝谦天皇	天平胜宝 (749) 天平宝字 (757)	10	749 758	
47	47	淳仁天皇		7	758 764	唐十任帝 李亨在位
48	48	称德天皇	天平神护 (765) 神护景云 (767)	7	764 770	唐十一任帝 李豫在位
49	49	光仁天皇	宝龟(770) 天应(781)	12	770 781	
50	50	桓武天皇	延历(782)	26	781 806	唐十二任帝 李适在位
51	51	平城天皇	大同(806)	4	806 809	唐十四任帝 李纯在位
52	52	嵯峨天皇	弘仁(810)	15	809 823	唐十五任帝 李恒在位
53	53	淳和天皇	天长(824)	11	823 833	

54	54	仁明天皇	承和(834) 嘉祥(848)	18	833 850	唐十七任帝李昂在位
55	55	文德天皇	仁寿(851) 齐衡(854) 天安(857)	9	850 858	唐十九任帝李忱在位
56	56	清和天皇	贞观(859)	39	858 876	
57	57	阳成天皇	元庆(877)	9	876 884	唐二十一任帝李儇在位
58	58	光孝天皇	仁和(885)	4	884 887	
59	59	宇多天皇	宽平(889)	11	887 897	唐二十二任帝李晔在位
60	60	醍醐天皇	昌泰(898) 延喜(901) 延长(923)	34	897 930	
61	61	朱雀天皇	承平(931) 天庆(938)	17	930 946	后唐二任帝李嗣源在位
62	62	村上天皇	天历(947) 天德(957) 应和(961) 康保(964)	22	946 967	后晋二任帝石重贵在位
63	63	冷泉天皇	安和(968)	3	967 969	宋一任帝赵匡胤在位

<table>
<tr><td>64</td><td>64</td><td>圆融天皇</td><td>天皇天禄(970)
天延(973)
贞元(976)
天元(978)
永观(983)</td><td>16</td><td>969
984</td><td rowspan="3">宋二任帝
赵匡义在位</td></tr>
<tr><td>65</td><td>65</td><td>花山天皇</td><td>宽和(985)</td><td>3</td><td>984
986</td></tr>
<tr><td>66</td><td>66</td><td>一条天皇</td><td>永延(987)
永祚(989)
正历(990)
长德(995)
长保(999)
宽弘(1004)</td><td>26</td><td>986
1011</td></tr>
<tr><td>67</td><td>67</td><td>三条天皇</td><td>长和(1012)</td><td>6</td><td>1011
1016</td><td rowspan="2">宋三任帝
赵恒在位</td></tr>
<tr><td>68</td><td>68</td><td>后一条天皇</td><td>宽仁(1017)
治安(1021)
万寿(1024)
长元(1028)</td><td>21</td><td>1016
1036</td></tr>
<tr><td>69</td><td>69</td><td>后朱雀天皇</td><td>长历(1037)
长久(1040)
宽德(1044)</td><td>10</td><td>1036
1045</td><td>宋四任帝
赵受益在位</td></tr>
<tr><td>70</td><td>70</td><td>后冷泉天皇</td><td>永承(1046)
天喜(1053)
康平(1058)
治历(1065)</td><td>24</td><td>1045
1068</td><td rowspan="3">宋六任帝
赵顼在位</td></tr>
<tr><td>71</td><td>71</td><td>后三条天皇</td><td>延久(1069)</td><td>5</td><td>1068
1072</td></tr>
<tr><td>72</td><td>72</td><td>白河天皇</td><td>承保(1074)
承历(1077)
永保(1081)
应德(1084)</td><td>15</td><td>1072
1086</td></tr>
</table>

73	73	堀河天皇	宽治(1087) 嘉保(1094) 永长(1096) 承德(1097) 康和(1099) 长治(1104) 嘉承(1106)	22	1086 1107	宋七任帝 赵煦在位
74	74	鸟羽天皇	天仁(1108) 天永(1110) 永久(1113) 元永(1118) 保安(1120)	17	1107 1123	宋八任帝 赵佶在位
75	75	崇德天皇	天治(1124) 大治(1126) 天承(1131) 长承(1132) 保延(1135) 永治(1141)	19	1123 1141	宋十二任帝 赵构在位
76	76	近卫天皇	康治(1142) 天养(1144) 久安(1145) 仁平(1151) 久寿(1154)	15	1141 1155	
77	77	后白河天皇	保元(1156)	4	1155 1158	

<table>
<tr><td>78</td><td>78</td><td>二条天皇</td><td>平治(1159)
永历(1160)
应保(1161)
长宽(1163)
永万(1165)</td><td>18</td><td>1158
1165</td><td rowspan="4">宋十三任帝赵伯琮在位</td></tr>
<tr><td>79</td><td>79</td><td>六条天皇</td><td>仁安(1166)</td><td>4</td><td>1165
1168</td></tr>
<tr><td>80</td><td>80</td><td>高仓天皇</td><td>嘉应(1169)
承安(1171)
安元(1175)
治承(1177)</td><td>13</td><td>1168
1180</td></tr>
<tr><td>81</td><td>81</td><td>安德天皇</td><td>养和(1181)
寿永(1182)</td><td>6</td><td>1180
1185</td></tr>
<tr><td>82</td><td>82</td><td>后鸟羽天皇</td><td>元历(1184)
文治(1185)
建久(1190)</td><td>14</td><td>1185
1198</td><td>宋十四任帝赵惇在位</td></tr>
<tr><td>83</td><td>83</td><td>土御门天皇</td><td>正治(1199)
建仁(1201)
元久(1204)
建永(1206)
承元(1207)</td><td>3</td><td>1198
1210</td><td>宋十五任帝赵扩在位</td></tr>
<tr><td>84</td><td>84</td><td>顺德天皇</td><td>建历(1211)
建保(1213)
承久(1219)</td><td>12</td><td>1210
1221</td><td rowspan="2"></td></tr>
<tr><td></td><td>85</td><td>仲恭天皇</td><td>承久三年
(1221)</td><td>1</td><td>1221
1221</td></tr>
<tr><td>85</td><td>86</td><td>后堀河天皇</td><td>贞应(1222)
元仁(1224)
嘉禄(1225)
安贞(1227)
宽喜(1229)
贞永(1232)</td><td>12</td><td>1221
1232</td><td>宋十六任帝赵贵诚在位</td></tr>
</table>

86	87	四条天皇	天福(1233) 文历(1234) 嘉祯(1235) 历仁(1238) 延应(1239) 仁治(1240)	11	1232 1242	
87	88	后嵯峨天皇	宽元(1243)	15	1242 1246	
88	89	后深草天皇	宝治(1247) 建长(1249) 康元(1256) 正嘉(1257) 正元(1259)	14	1246 1259	
89	90	龟山天皇	文应(1260) 弘长(1261) 文永(1264)	16	1259 1274	宋十七任帝 赵孟启在位
90	91	后宇多天皇	建治(1275) 弘安(1278)	14	1274 1287	元七任帝 忽必烈在位
91	92	伏见天皇	正应(1288) 永仁(1293)	12	1287 1298	
92	93	后伏见天皇	正安(1299)	4	1298 1301	元八任帝 铁木儿在位
93	94	后二条天皇	乾元(1302) 嘉元(1303) 德治(1306)	8	1301 1308	
94	95	花园天皇	延庆(1308) 应长(1311) 正和(1312) 文保(1317)	11	1308 1318	元九任帝 海山在位
95	96	后醍醐天皇	元应(1319) 元亨(1321) 正中(1324) 嘉历(1326) 元德(1329) 元弘(1331)	22	1318 1339	元十任帝 爱育黎拔力八达在位 元十二任帝 也孙铁木儿在位 元十四任帝 图铁木儿在位

（南朝）1332年分南北朝						
			建武（1334） 延元（1336）			
	97	后村上天皇 （义良亲王）	兴国（1340） 正平（1346）	30	1339 1368	元十八任帝脱欢铁木儿在位
	98	长庆天皇 （宽成亲王）	正平二十三年 （1368） 建德（1370） 文中（1372） 天授（1375） 弘和（1381）	16	1368 1383	明一任帝 朱元璋在位
	99	后龟山天皇 （熙亲王）	元中（1348）	10	1383 1392	
（北朝）						
96	北1	光严天皇	正庆（1332）	3	1331 1333	（北朝一任天皇）元十六任帝图铁木儿在位
97	北2	光明天皇	建武（1334） 历应（1338） 康永（1342） 贞和（1345）	13	1336 1348	（北朝二任天皇）
98	北3	崇光天皇	观应（1350）	4	1348 1351	（北朝三任天皇）元十八任帝脱欢铁木儿在位

<table>
<tr><td>99</td><td>北4</td><td>后光严天皇</td><td>文和(1352)
延文(1356)
康安(1361)
贞治(1362)
应安(1368)</td><td>20</td><td>1352
1371</td><td>(北朝四任天皇)元十九任帝爱猷识理达腊在位
明一任帝朱元璋在位</td></tr>
<tr><td>100</td><td>北5</td><td>后圆融天皇</td><td>永和(1375)
康历(1379)
永德(1381)</td><td>12</td><td>1371
1382</td><td>(北朝五任天皇)</td></tr>
<tr><td>101</td><td>100</td><td>后小松天皇</td><td>至德(1384)
嘉庆(1387)
康应(1389)
明德(1390)</td><td>31</td><td>1382
1412</td><td>(北朝六任天皇)</td></tr>
<tr><td colspan="7">1392年全国统一</td></tr>
<tr><td></td><td></td><td></td><td>应永(1394)</td><td></td><td></td><td></td></tr>
<tr><td>102</td><td>101</td><td>称光天皇</td><td>应永十九年(1412)</td><td>7</td><td>1412
1428</td><td>明三任帝
朱棣在位</td></tr>
<tr><td>102</td><td>102</td><td>后花园天皇</td><td>正长(1428)
永享(1429)
嘉吉(1441)
文安(1444)
宝德(1449)
享德(1452)
康正(1455)
长禄(1457)
宽正(1460)</td><td>37</td><td>1428
1464</td><td>明五任帝
朱瞻基在位</td></tr>
</table>

104	103	后土御门天皇	文正(1466) 应仁(1467) 文明(1469) 长享(1487) 延德(1489) 明应(1492)	37	1464 1500	明九任帝 朱见深在位 明十任帝 朱祐樘在位
105	104	后柏原天皇	文龟(1501) 永正(1504) 大永(1521)	27	1500 1526	明十一任帝 朱厚照在位
106	105	后奈良天皇	享禄(1528) 天文(1532) 弘治(1555)	32	1526 1557	明十二任帝 朱厚熜在位
107	106	正亲町天皇	永禄(1558) 元龟(1570) 天正(1573)	30	1557 1586	明十三任帝 朱载垕在位
108	107	后阳成天皇	文禄(1592) 庆长(1596)	26	1586 1611	明十四任帝 朱翊钧在位
109	108	后水尾天皇	元和(1615) 宽永(1624)	19	1611 1629	明十六任帝 朱由校在位
110	109	明正天皇	宽永六年 (1629)	15	1629 1643	明十七任帝 朱由检在位
111	110	后光明天皇	正保(1644) 庆安(1648) 承应(1652)	22	1643 1654	清三任帝 福临在位
112	111	后西天皇	明历(1655) 万治(1658) 宽文(1661)	10	1654 1663	

<table>
<tr><td>113</td><td>112</td><td>灵元天皇</td><td>延宝(1673)
天和(1681)
贞享(1684)</td><td>25</td><td>1663
1687</td><td rowspan="3">清四任帝
玄烨在位</td></tr>
<tr><td>114</td><td>113</td><td>东山天皇</td><td>元禄(1688)
宝永(1704)</td><td>23</td><td>1687
1709</td></tr>
<tr><td>115</td><td>114</td><td>中御门天皇</td><td>正德(1711)
享保(1716)</td><td>27</td><td>1709
1735</td></tr>
<tr><td>116</td><td>115</td><td>樱町天皇</td><td>元文(1736)
宽保(1741)
延享(1744)</td><td>13</td><td>1735
1747</td><td rowspan="4">清六任帝
弘历在位</td></tr>
<tr><td>117</td><td>116</td><td>桃园天皇</td><td>宽延(1748)
宝历(1751)</td><td>16</td><td>1747
1762</td></tr>
<tr><td>118</td><td>117</td><td>后樱町天皇</td><td>明和(1764)</td><td>9</td><td>1762
1770</td></tr>
<tr><td>119</td><td>118</td><td>后桃园天皇</td><td>安永(1772)</td><td>10</td><td>1770
1779</td></tr>
<tr><td>120</td><td>119</td><td>光格天皇</td><td>天明(1781)
宽政(1789)
享和(1801)
文化(1804)</td><td>9</td><td>1779
1817</td><td>清七任帝
颙琰在位</td></tr>
<tr><td>121</td><td>120</td><td>仁孝天皇</td><td>文政(1818)
天保(1830)
弘化(1844)</td><td>30</td><td>1817
1846</td><td>清八任帝
绵宁在位</td></tr>
</table>

122	121	孝明天皇	嘉永（1848） 安政（1854） 万延（1860） 文久（1861） 元治（1864） 庆应（1865）	21	1846 1866	清九任帝奕𬣙在位 清十任帝载淳在位
123	122	明治天皇	明治（1868）	46	1867 1912	
	123	大正天皇	大正（1912）	15	1912 1926	
	124	昭和天皇	昭和（1926）	64	1926 1989	
	125	平成天皇	平成（1989）		1989	

安南·越南(上)

越南

称谓	顺序	尊号	姓名	在位年数	在位起讫	备注
瞿越部落	1		丁部领		968	
	2		丁琏			973年,宋封交趾郡王
	3		丁璿	2	979 980	
	4		黎桓	26	980 1005	993年,宋封交趾郡王。 998年,宋封南平王
	5		黎龙钺	1	1005	
	6		黎龙铤	5	1005 1009	
大越王国	1	太祖	李公蕴	19	1010 1028	宋封交趾郡王
	2	太宗	李德政	28	1028 1055	
	3	圣宗	李日尊	18	1055 1072	1069年,称大越皇帝
	4	仁宗	李乾德	46	1072 1127	
	5	神宗	李日焕	12	1127 1138	

	6	英宗	李天祚	29	1138 1176	1175 年,宋封安南国王、安南始现
	7	高宗	李龙翰	37	1176 1212	
	8	惠宗	李宗旵	14	1212 1225	
	9	昭圣女皇	李佛金	1	1225	登极后立即让位给丈夫陈日煚
	10	太宗	陈日煚	34	1225 1258	
	11	圣宗	陈光昺	20	1258 1277	
	12		陈日烜	3	1277 1279	
（安南王国）	13	仁宗	陈昑	14	1279 1292	
	14	英宗	陈烇	22	1293 1314	
	15	明宗	陈奣	16	1314 1329	
	16	宪宗	陈旺	14	1329 1342	
	17	裕宗	陈暭	28	1342 1369	
	18	艺宗	陈暊	3	1369 1371	
	19	睿宗	陈叔明	7	1371 1377	
	20	废帝	陈炜	12	1377 1388	
	21		陈暊	11	1388 1388	黎季犛执政
	22	顺宗	陈颙	2	1388 1399	
	23	少帝	陈宩	1	1399	

(大虞王国)	24		黎季犛 (胡一元)	1	1399	改名胡一元,登极后立即传子胡奃
	25		胡奃	9	1399 1407	1403 年,明封安南国王
(大越王国)	26		简定	1	1408	又名陈頠
	27		陈季扩	15	1409 1413	

安南·越南（下）

国名	顺序	尊号	姓名	在位年数	在位起讫	备注
（黎氏越南）	1	太祖	黎利	7	1427 1433	
	2	太宗	黎麟	10	1433 1442	一名黎元龙。1436 年，受明封安南国王
	3	仁宗	黎濬	18	1442 1459	又名黎基隆
	4	淳山王	黎琮	1	1459	又名黎宜民
	5	圣宗	黎灏	39	1459 1497	又名黎思诚
	6	宜宗	黎晖	8	1497 1504	一名黎镨
	7	肃宗	黎淬	1	1504	一名黎敬甫
	8	威穆帝	黎谊	6	1504 1509	一名黎瑃
	9	襄翼帝	黎晭	7	1510 1516	一名黎潆
	10	昭宗		15	1516 1530	一名黎椅。1522 年，被莫登庸逐走。偏安清华
	11	庄宗	黎宁	5	1530 1534	逃亡
	12	黎宪		3	1534 1536	
	13	（庄宗）	黎宪		1536	
	14		黎宠			
	15		黎维邦	7	1557 1573	

16		黎维潭	7	1573 1599	1597 年,中国明王朝任命为安南都统使
17		黎维新	21	1599 1619	
18		黎维祺	43	1619 1661	1661 年,中国明王朝封安南国王
19		黎维禔	1	1661	
20		黎维禧	13	1661 1673	
21		黎维𥚃	3	1673 1675	
22		黎维祯	44	1675 1718	
23		黎维祹	16	1718 1733	
24		黎维祜	3	1733 1735	
25		黎维祎	27	1735 1761	
26		黎维褍	17	1761 1787	
27		黎维祁	3	1787 1789	

大越帝国（莫氏越南）	1		莫登庸	4	1527 1530	对中国（明王朝）仍自称安南都统使
	2		莫登瀛	11	1530 1540	
	3		莫登庸	4	1540 1543	
	4		莫福源	7	1540 1546	
	5		莫宏瀷	19	1546 1564	
	6		莫茂洽	29	1564 1592	
	7		莫邦敬		1592	辖区只剩下首都高平
	8		莫敬恭			
	9		莫敬用			
	10		莫敬耀			
	11		莫元清			中国清王朝任命为安南都统使
	12		莫敬光		1674	黎氏王朝攻占高平
（阮氏越南）	1		阮光平	4	1789 1792	一名阮文惠，中国清政府封安南王
	2		阮光缵	11	1792 1802	一名阮弘瑞
	3	大南皇帝	阮福映	19	1802 1820	1803 年，中国清政府封越南王
	4		阮福晈	22	1820 1841	
	5		阮福暶	8	1841 1848	
	6		阮福时	45	1848 1882	
	7		阮福昇	1	1882	
	8		阮福膺	3	1882 1884	

【第三篇·皇位世系篇】

传说时代

第一代	第二代	第三代	第四代	第五代	第六代	第七代	第八代	第九代	
①黄帝 姬轩辕 五帝之一	玄嚣	蟜极	④俈帝 姬夋 五帝之三	⑤姬挚					
				⑥唐尧帝 伊祁放勋 五帝之四					
				(商始祖)殷契					
				(周始祖)姬弃					
	昌意	③玄帝 姬颛顼 五帝之二	穷蝉	敬康	句望	蟜牛	瞽叟	⑦虞舜帝 姚重华 五帝之五	
							姒鲧	夏一任帝 姒文命	
	②少昊 己挚								

夏 （立国 440 年　传位 14 代　共 19 任君　19 帝）

第一代	第二代	第三代	第四代	第五代	第六代	第七代	第八代	第九代	第十代	第十一代	第十二代	第十三代	第十四代
①禹　姒文命	②姒启	③姒太康											
		④姒仲康	⑤姒相	⑧姒少康	⑨姒杼	⑩姒槐	⑪姒芒	⑫姒泄	⑬姒不降	⑯姒孔甲	⑰姒皋	⑱姒发	⑲桀帝姒履癸
									⑭姒扃	⑮姒廑			
			⑥后羿										
			⑦寒浞										

商

(立国662年　传位17代　共28任君　28帝)

第一代	第二代	第三代	第四代	第五代	第六代	第七代	第八代	第九代
①成汤　子天乙	子太丁	⑤太宗子太甲	⑥子沃丁					
			⑦子太庚	⑧子小甲				
				⑨子雍己				
				⑩中宗　子太戊	⑪子仲丁			
					⑫子外壬			
					⑬子河亶甲	⑭子祖乙	⑮子祖辛	⑰子祖丁
							⑯子沃甲	⑱子南庚
	②子外丙							
	③子仲壬							
	④伊尹							

第十代	第十一代	第十二代	第十三代	第十四代	第十五代	第十六代	第十七代	
⑲子阳甲								
	⑳子盘庚							
	㉑子小辛							
	㉒子小乙	㉓高宗子武丁	㉔子祖庚					
			㉕子祖甲	㉖子廪辛				
				㉗子庚丁	㉘子武乙	㉙子文丁	㉚子乙	㉛纣帝子辛

周（立国879年　传位32代　共43任君　40王）

第一代	第二代	第三代	第四代	第五代	第六代	第七代	第八代	第九代	第十代	第十一代	第十二代	第十三代
文王　姬昌	①武王　姬发	②成王　姬诵	③康王　姬钊	④昭王　姬瑕	⑤穆王　姬满	⑥共王　姬繄扈	⑦懿王　姬囏	⑨夷王　姬燮	⑩厉王　姬胡	⑪宣王　姬靖	⑫幽王　姬宫涅	⑬平王　姬宜臼
						⑧孝王　姬辟方						

世代						
第十四代	姬泄父					
第十五代	⑭桓王　姬林					
第十六代	⑮庄王　姬佗					
第十七代	⑯釐王　姬胡齐					⑱姬颓
第十八代	⑰⑲惠王　姬阆					
第十九代	⑳㉒襄王　姬郑				㉑姬带	
第二十代	㉓顷王　姬壬臣					
第二十一代	㉔匡王　姬班	㉕定王　姬瑜				
第二十二代		㉖简王　姬夷				
第二十三代		㉗灵王　姬泄心				
第二十四代		㉘景王　姬贵				
第二十五代		㉙悼王　姬猛	㉚㉜敬王　姬匄	㉛姬朝		

第二十六代	第二十七代	第二十八代	第二十九代	第三十代	第三十一代	第三十二代	第三十三代				
㉝元王 姬仁	㉞贞定王 姬介	㉟哀王 姬去疾									
		㊱思王 姬叔袭									
		㊲考王 姬槐	㊳威烈王 姬午	㊴安王 姬骄	㊵烈王 姬喜						
					㊶显王 姬扁	㊷慎靓王 姬定	㊸赧王 姬延				
		西周桓公 姬揭	西周威公 姬灶	西周惠公 姬	西周武公 姬	西周文公 姬咎					
					东周惠公 姬班						

秦 （立国133年　传位7代　共8任君　6王2帝）

父辈	第一代	第二代	第三代	第四代	第五代	第六代	第七代					
孝公　嬴渠梁	①惠王　嬴驷	②武王　嬴荡										
		③昭襄王　嬴稷	④孝文王　嬴柱	⑤庄襄王　嬴异人	⑥始皇帝　嬴政	公子　嬴扶苏	⑧秦王　嬴婴					
						⑦二世帝　嬴胡亥						

西汉 (立国215年 传位11代 共15任君 15帝)

第一代	第二代	第三代	第四代	第五代	第六代	第七代	第八代	第九代	第十代	第十一代		
①高祖 刘邦	②惠帝 刘盈	③少帝 刘恭										
		④少帝 刘弘										
	⑤文帝 刘恒	⑥景帝 刘启	⑦武帝 刘彻	⑧昭帝 刘弗陵								
				昌邑王 刘髆	⑨刘贺							
				卫太子 刘据	史皇孙 刘进	⑩宣帝 刘询	⑪元帝 刘奭	⑫成帝 刘骜				
								定陶王 刘康	⑬哀帝 刘欣			
								中山王 刘兴	⑭平帝 刘衎			
							楚王 刘嚣	广戚侯 刘勋	广戚侯 刘显	⑮孺子 刘婴		

东汉 （立国196年 传位8代 共14任君 14帝）

第一代	第二代	第三代	第四代	第五代	第六代	第七代	第八代				
①光武帝 刘秀	②明帝 刘庄	③章帝 刘炟	④和帝 刘肇	⑤殇帝 刘隆							
			清河王 刘庆	⑥安帝 刘祜	⑧顺帝 刘保	⑨冲帝 刘炳					
			济北王 刘寿	⑦刘懿							
			千乘王 刘伉	乐安王 刘宠	渤海王 刘鸿	⑩质帝 刘缵					
			河间王 刘开	蠡吾侯 刘翼	⑪桓帝 刘志						
				解渎亭侯 刘淑	解渎亭侯 刘苌	⑫灵帝 刘宏	⑬少帝 刘辩				
							⑭献帝 刘协				

三国时代

曹魏(立国46年　传位3代　共5任君　5帝)

父辈	第一代	第二代	第三代	第四代								
太尉　曹嵩	武帝　曹操	①文帝　曹丕	②明帝　曹叡									
			东海定王　曹霖	④曹髦								
		任城王　曹彰	嗣王　曹楷	③曹芳								
		燕王　曹宇	⑤元帝　曹奂									

蜀汉(立国43年　传位2代　共2任君　2帝)

刘弘	①昭烈帝　刘备	②刘禅										

东吴（立国59年　传位3代　共4任君　4帝）

<table>
<tr><td rowspan="3">武烈帝　孙坚</td><td rowspan="3">①大帝　孙权</td><td>皇太子　孙和</td><td>④孙皓</td><td></td><td></td><td></td><td></td><td></td><td></td><td></td><td></td><td></td></tr>
<tr><td>③景帝　孙休</td><td></td><td></td><td></td><td></td><td></td><td></td><td></td><td></td><td></td><td></td></tr>
<tr><td>②孙亮</td><td></td><td></td><td></td><td></td><td></td><td></td><td></td><td></td><td></td><td></td></tr>
</table>

晋 （立国156年　传位6代　共17任君　16帝）

第一代	第二代	第三代	第四代	第五代	第六代	第七代			
宣帝　司马懿	文帝　司马昭	①武帝　司马炎	②④惠帝　司马衷						
			⑤怀帝　司马炽						
			吴王　司马晏	⑥愍帝　司马邺					
	③赵王　司马伦								
	琅邪王　司马伷	琅邪王　司马觐	⑦元帝　司马睿	⑧明帝　司马绍	⑨成帝　司马衍	⑫哀帝　司马丕			
						⑬废帝　司马奕			

					⑩康帝 司马岳	⑪穆帝 司马聃			
				⑭简文帝 司马昱	⑮孝武帝 司马曜	⑯安帝 司马德宗			
						⑰恭帝 司马德文			

五胡乱华十九国

成汉(立国44年　传位2代　共5任君　5帝)

<table>
<tr><th>祖父辈</th><th>父辈</th><th>第一代</th><th>第二代</th><th>第三代</th><th>第四代</th><th></th><th></th></tr>
<tr><td rowspan="3">李慕</td><td rowspan="2">景帝　李特</td><td>李荡</td><td>②哀帝　李班</td><td></td><td></td><td></td><td></td></tr>
<tr><td>①武帝　李雄</td><td>③隐帝　李期</td><td></td><td></td><td></td><td></td></tr>
<tr><td>献帝　李骧</td><td>④昭文帝　李寿</td><td>⑤李势</td><td></td><td></td><td></td><td></td></tr>
</table>

汉赵(立国26年　传位3代　共5任君　5帝)

<table>
<tr><td rowspan="2">刘豹</td><td rowspan="2">①光文帝　刘渊</td><td>②刘和</td><td></td><td></td><td></td><td></td><td></td></tr>
<tr><td>③昭武帝　刘聪</td><td>④隐帝　刘粲</td><td></td><td></td><td></td><td></td></tr>
<tr><td>懿帝　刘防</td><td>宣武帝　刘绿</td><td>⑤刘曜</td><td></td><td></td><td></td><td></td><td></td></tr>
</table>

后赵(立国33年　传位3代　共7任君　7帝)

元帝　石周	①明帝　石勒	②石弘					
石匐邪	孝帝　石寇觅	③武帝　石虎	④石世				
			⑤石遵				
			⑥石鉴				
			⑦石祗				

冉魏(立国3年　传位1代　共1任君　1帝)

高帝　冉瞻	①冉闵						

前秦(立国44年　传位6代　共6任君　6帝)

惠武帝　苻洪	①景明帝　苻健	②苻生					
	文桓帝　苻雄	③宣昭帝　苻坚	④哀平帝　苻丕				
			苻敞	⑤高帝　苻登	⑥苻崇		

后秦(立国34年　传位3代　共3任君　3帝)

景元帝　姚弋仲	魏武王　姚襄						
	①武昭帝　姚苌	②文桓帝　姚兴	③姚泓				

西秦(立国39年　传位3代　共4任君　4王)

乞伏司繁	①宣烈王　乞伏国仁						
	②武元王　乞伏乾归	③文昭王　乞伏炽磐	④乞伏暮末				

前燕(立国34年　传位3代　共3任君　1王2帝)

①文明王　慕容皝	②景昭帝　慕容儁	③幽帝　慕容暐					

后燕(立国24年　传位3代　共4任君　4帝)

文明王　慕容皝	①武成帝　慕容垂	②惠愍帝　慕容宝	③昭武帝　慕容盛				
		④昭文帝　慕容熙					

西燕(立国11年 传位3代 共7任君 3王4帝)

文明王 慕容皝	景昭帝 慕容儁	①济北王 慕容泓	⑥慕容忠				
		②威帝 慕容冲	⑤慕容瑶				
	宜都王 慕容桓	④燕王 慕容𫖮					
	⑦慕容永						
		③燕王 段随					

南燕(立国 13 年　传位 2 代　共 2 任君　2 帝)

文明王　慕容皝	北海王　慕容纳	②慕容超					
	①献武帝　慕容德						

北燕(立国 30 年　传位 2 代　共 3 任君　3 帝)

高拔	①惠懿帝　高云						
	冯安	②文成帝　冯跋					
	③昭成帝　冯弘						

西蜀(立国9年　传位1代　共1任君　1王)

	①蜀王　谯纵						

前凉(立国57年　传位3代　共7任君　7王)

武王　张轨	①成王　张茂						
	②文王　张骏	③桓王　张重华	④哀王　张曜灵				
			⑥冲王　张玄靓				
		⑤张祚					
		⑦张天锡					

后凉(立国 18 年　传位 2 代　共 4 任君　4 帝)

景昭帝　吕婆楼	①懿武帝　吕光	②吕绍					
		③灵帝　吕纂					
	文帝　吕宝	④吕隆					

西凉(立国 22 年　传位 2 代　共 3 任君　3 王)

简王　李旭	①武昭王　李暠	②李歆					
		③李恂					

北凉(立国43年　传位2代　共3任君　3王)

	①段业						
沮渠法弘	②武宣王　沮渠蒙逊	③哀王　沮渠茂虔					

南凉(立国18年　传位1代　共3任君　3王)

秃发思复鞬	①武王　秃发乌孤						
	②康王　秃发利鹿孤						
	③景王　秃发傉檀						

胡夏(立国25年 传位2代 共3任君 3帝)

桓帝 刘卫辰	①武烈帝 赫连勃勃	②赫连昌					
		③赫连定					

北魏 （立国171年 传位10代 共18任君 19帝）

第一代	第二代	第三代	第四代	第五代	第六代	第七代	第八代	第九代	第十代
①道武帝 拓跋珪	②明元帝 拓跋嗣	③太武帝 拓跋焘	④拓跋余						
			景穆太子 拓跋晃	⑤文成帝 拓跋濬	⑥孝献帝 拓跋弘	⑦孝文帝 元宏	⑧宣武帝 元恪	⑨孝明帝 元诩	
							京兆王 元愉	京兆王 元宝晖	⑩元钊
								西⑯文帝 元宝炬	西⑰废帝 元钦
									西⑱恭帝 拓跋廓
							广平王 元怀	⑮孝武帝 元修	

							清河王 元怿	清河王 元亶	东⑯孝静帝 元善见
						彭城王 元勰	⑪孝庄帝 元子攸		
						广陵王 元羽	⑬节闵帝 元恭		
				南安王 拓跋桢	扶风王 拓跋怡	⑫元晔			
				章武王 拓跋太洛	章武王 元彬	章武王 元融	⑭元朗		

南北朝

南宋(立国60年　传位4代　共9任君　9帝)

父辈	第一代	第二代	第三代	第四代	第五代							
孝穆帝　刘翘	①武帝　刘裕	②少帝　刘义符										
		③文帝　刘义隆	④刘劭									
			⑤孝武帝　刘骏	⑥前废帝　刘子业								
			⑦明帝　刘彧	⑧后废帝　刘昱								
			桂阳王　刘休范	⑨顺帝　刘准								

南齐(立国24年　传位4代　共7任君　7帝)

宣帝　萧承之	始安贞王　萧道生	⑤明帝　萧鸾	⑥萧宝卷									
			⑦和帝　萧宝融									
	①高帝　萧道成	②武帝　萧赜	文惠太子　萧长懋	③萧昭业								
				④萧昭文								

南梁(立国86年　传位5代　共9任君　9帝)

文帝　萧顺之	长沙王　萧懿	⑤闵帝　萧渊明										
	①武帝　萧衍	②简文帝　萧纲										

		昭明太子 萧统	豫章王 萧欢	③萧栋								
			⑦宣帝 萧詧	⑧孝明帝 萧岿	⑨孝靖帝 萧琮							
		④元帝 萧绎	⑥敬帝 萧方智									

陈(立国33年 传位3代 共5任君 5帝)

景帝 陈文赞	始兴王 陈道谭	②文帝 陈蒨	③陈伯宗									
		④孝宣帝 陈顼	⑤陈叔宝									
	①武帝 陈霸先											

北齐（立国28年　传位3代　共6任君　6帝）

文穆帝　高树	神武帝　高欢	①文宣帝　高洋	②废帝　高殷									
		③孝昭帝　高演										
		④武成帝　高湛	⑤后主　高纬	⑥幼主　高恒								

北周（立国25年　传位3代　共5任君　5帝）

德帝　宇文肱	文帝　宇文泰	②明帝　宇文毓										
		①孝闵帝　宇文觉										
		③武帝　宇文邕	④宣帝　宇文赟	⑤静帝　宇文阐								

隋 (立国39年　传位4代　共5任君　5帝)

父辈	第一代	第二代	第三代	第四代								
太祖　杨忠	①文帝　杨坚	②炀帝　杨广	元德太子　杨昭	③恭帝　杨侑								
				⑤恭帝　杨侗								
		秦王　杨俊	④杨浩									

唐（立国276年　传位14代　共25任君　22帝）

第一代	第二代	第三代	第四代	第五代	第六代	第七代	第八代	第九代	第十代	第十一代	第十二代	第十三代	第十四代
①高祖　李渊	②太宗　李世民	③高宗　李治	④⑥中宗　李显	⑦殇帝　李重茂									
			⑤⑧睿宗　李旦	⑨玄宗　李隆基	⑩肃宗　李亨	⑪代宗　李豫	⑫德宗　李适	⑬顺宗　李诵	⑭宪宗　李纯	⑮穆宗　李恒	⑯敬宗　李湛		
											⑰文宗　李昂		
											⑱武宗　李炎		
										⑲宣宗　李忱	⑳懿宗　李漼	㉑僖宗　李儇	
												㉒㉔昭宗　李晔	㉓李裕
													㉕景宗　李柷

五代

后梁(立国 17 年　传位 2 代　共 3 任君　3 帝)

父辈	第一代	第二代	第三代									
烈祖　朱诚	①太祖　朱温	②朱友珪										
		③末帝　朱友贞										

后唐(立国 14 年　传位 2 代　共 4 任君　4 帝)

献祖　李国昌	太祖　李克用	①庄宗　李存勖										
烈祖　李琰	德祖　李电	②明宗　李嗣源	③闵帝　李从厚									
			④末帝　李从珂									

后晋（立国11年　传位2代　共2任君　2帝）

宪祖　石绍雍	宋王　石敬儒	②出帝　石重贵										
	①高祖　石敬瑭											

后汉（立国33年　传位3代　共6任君　6帝）

显祖　刘琠	①高祖　刘知远	②隐帝　刘承祐										
	③世祖　刘崇	④睿宗　刘承钧										
		公主	⑤刘继恩									
			⑥刘继元									

后周(立国10年　传位3代　共3任君　3帝)

庆祖　郭简	①太祖　郭威											
	太子少保　柴守礼	②世宗　郭荣	③恭帝　郭宗训									

五代十一国

岐(立国18年　传位1代　共1任君　1王)

父辈	第一代	第二代	第三代	第四代								
宋端	①忠敬王　李茂贞											

南楚(立国45年　传位2代　共6任君　6王)

景庄王　马元丰	①武穆王　马殷	②衡阳王　马希声										
		③文昭王　马希范										
		④马希广										

		⑤恭孝王 马希萼										
		⑥马希崇										

吴越(立国72年　传位3代　共5任君　5王)

钱宽	①武肃王 钱镠	②文穆王 钱传瓘	③忠献王 钱弘佐									
			④忠逊王 钱弘倧									
			⑤忠懿王 钱弘俶									

前蜀(立国19年　传位2代　共2任君　2帝)

	①高祖 王建	②王衍										

南吴(立国28年　传位1代　共2任君　1王1帝)

	太祖　杨行密	烈宗　杨渥										
	①高祖　杨渭											
	②让帝　杨溥											

桀燕(立国3年　传位1代　共1任君　1帝)

刘仁恭　①刘守光												

南汉(立国55年　传位3代　共4任君　4帝)

代祖　刘谦	烈宗　刘隐											
	①高祖　刘䶮	②殇帝　刘弘度										
		③中宗　刘弘熙	④刘继兴									

南平(立国40年　传位4代　共5任君　5王)

	①武信王　高季昌	②文献王　高从诲	③贞懿王　高保融	⑤高继冲								
		④高保勖										

闽(立国13年　传位3代　共5任君　5帝)

太祖　王审知	①惠宗　王延钧	②康宗　王继鹏										
	③景宗　王延羲											
	④朱文进											
	⑤王延政											

后蜀(立国32年　传位2代　共2任君　2帝)

孟道	①高祖　孟知祥	②孟仁赞										

南唐(立国39年　传位3代　共3任君　3帝)

太祖　徐温												
庆宗　李荣	①烈祖　李昪	②元宗　李璟	③李煜									

辽 （立国 303 年 传位 12 代 共 15 任君 2 后 13 帝）

第一代	第二代	第三代	第四代	第五代	第六代	第七代	第八代	第九代	第十代	第十一代	第十二代
①太祖 耶律阿保机	东丹王 耶律突欲	③世宗 耶律兀欲	⑤景宗 耶律贤	⑥圣宗 耶律隆绪	⑦兴宗 耶律宗真	⑧道宗 耶律洪基	顺宗 耶律濬	⑨天祚帝 耶律延禧			
	②太宗 耶律德光	④穆宗 耶律述律									
								⑩德宗 耶律大石 ⑪感天后 萧塔不烟	⑫仁宗 耶律夷列 ⑬承天后 耶律布沙堪	⑭耶律古鲁直	
											⑮屈出律

金 （立国120年 传位7代 共10任君 10帝）

父辈	第一代	第二代	第三代	第四代	第五代	第六代	第七代	
世祖 完颜劾里钵	①太祖 完颜旻	丰王 完颜宗峻	③熙宗 完颜亶					
		辽王 完颜宗乾	④完颜亮					
		睿宗 完颜宗尧	⑤世宗 完颜雍	皇太子 完颜允恭	⑥章宗 完颜璟			
					⑧宣宗 完颜珣	⑨哀宗 完颜守绪		
				⑦完颜允济				

							⑩完颜承麟	
	②太宗 完颜晟							

宋 (立国320年 传位13代 共20任君 19帝)

第一代	第二代	第三代	第四代	第五代	第六代	第七代	第八代	第九代	第十代	第十一代	第十二代	第十三代
①太祖 赵匡胤	燕王 赵德昭	冀王 赵惟吉	庐江侯 赵守度	嘉国公 赵世括	房国公 赵令稼	吴国公 赵子奭	益国公 赵伯旴	赵国公 赵师意	荣王 赵希𬍤	⑯理宗 赵贵诚		
										福王 赵与芮	⑰度宗 赵孟启	⑱赵㬎
												⑲端宗 赵昰
												⑳赵昺
	秦王 赵德芳	英国公 赵惟宪	新兴侯 赵从郁	华阴侯 赵世将	广国公 赵令譮	秀王 赵子偁	⑬孝宗 赵伯琮	⑭光宗 赵惇	⑮宁宗 赵扩			
②太宗 赵光义	③真宗 赵恒	④仁宗 赵祯										

	商王 赵元份	濮王 赵允让	⑤英宗 赵曙	⑥神宗 赵顼	⑦哲宗 赵煦							
					⑧徽宗 赵佶	⑨钦宗 赵桓						
						⑩⑫高宗 赵构	⑪赵敷					

元 （自开国至退出中国本土　立国176年　传位9代　共12任君　2后17帝）

第一代	第二代	第三代	第四代	第五代	第六代	第七代	第八代	第九代
①太祖　铁木真	②太宗　窝阔台 ③定宗　贵由	④昭慈后　乃马真 ⑤钦淑后　斡兀立						
	太子　拖雷	⑥宪宗　蒙哥						
		⑦世祖　忽必烈	明孝太子　真金	晋王　甘麻拉	⑫泰定帝　也孙铁木儿	⑬少帝　阿速吉八		
				顺宗　答剌麻八拉	⑨武宗　海山	⑮明宗　和世球	⑱惠宗　脱欢铁木儿	⑲昭宗　爱猷识理达腊

								⑳脱古思铁木儿
							⑰宁宗 懿璘质班	
						⑭⑯文宗 图铁木儿		
					⑩仁宗 爱育黎拔力八达	⑪英宗 硕德八剌		
				⑧成宗 铁木儿				

明 (立国294年 传位12代 共20任君 19帝)

第一代	第二代	第三代	第四代	第五代	第六代	第七代	第八代	第九代	第十代	第十一代	第十二代
①太祖 朱元璋	懿文太子 朱标	②惠帝 朱允炆									
	③成祖 朱棣	④仁宗 朱高炽	⑤宣宗 朱瞻基	⑥⑧英宗 朱祁镇	⑨宪宗 朱见深	⑩孝宗 朱祐樘	⑪武宗 朱厚照				
						兴献王 朱祐杬	⑫世宗 朱厚熜	⑬穆宗 朱载垕	⑭神宗 朱翊钧	⑮光宗 朱常洛	⑯熹宗 朱由校
											⑰思宗 朱由检
										福王 朱常洵	⑱安宗 朱由崧
										桂王 朱常瀛	⑳朱由榔

				⑦景帝 朱祁钰							
	唐定王 朱桱	朱琼炟（宪）	朱芝址（庄）	朱弥锑（成）	朱宇温（敬）	朱宙栐（顺）	朱硕熿（端）	朱器墭（裕）	⑲绍宗 朱聿键		

清 (立国295年 传位11代 共12任君 12帝)

第一代	第二代	第三代	第四代	第五代	第六代	第七代	第八代	第九代	第十代	第十一代	
①太祖 努尔哈赤	②太宗 皇太极	③世祖 福临	④圣祖 玄烨	⑤世宗 胤禛	⑥高宗 弘历	⑦仁宗 颙琰	⑧宣宗 绵宁	⑨文宗 奕詝	⑩穆宗 载淳		
								醇亲王 奕譞	⑪德宗 载湉		
									醇亲王 载沣	⑫溥仪	

最新大学生村官
招录考试综合辅导手册
免费